全国“八五”普法学习读本系列

青少年宪法学习读本

全国“八五”普法学习读本编写组　编

法律出版社
LAW PRESS · CHINA
北京

图书在版编目(CIP)数据

青少年宪法学习读本 / 全国“八五”普法学习读本编写组编. -- 北京：法律出版社，2021(2025.7 重印)
ISBN 978 - 7 - 5197 - 5998 - 8

Ⅰ. ①青… Ⅱ. ①全… Ⅲ. ①宪法 - 中国 - 青少年读物 Ⅳ. ①D921 - 49

中国版本图书馆 CIP 数据核字(2021)第 199346 号

青少年宪法学习读本
QINGSHAONIAN XIANFA XUEXI DUBEN

全国“八五”普法学习读本编写组 编

策划编辑 沈小英
责任编辑 陈 妮 王 鸿
装帧设计 汪奇峰

出版发行 法律出版社
编辑统筹 法治与经济出版分社
责任校对 晁明慧
责任印制 吕亚莉
经 销 新华书店

开本 710 毫米 × 1000 毫米 1/16
印张 12.5 **字数** 197 千
版本 2021 年 11 月第 1 版
印次 2025 年 7 月第 4 次印刷
印刷 三河市兴达印务有限公司

地址：北京市丰台区莲花池西里 7 号(100073)
网址：www.lawpress.com.cn
投稿邮箱：info@lawpress.com.cn
举报盗版邮箱：jbwq@lawpress.com.cn

销售电话：010 - 83938349
客服电话：010 - 83938350
咨询电话：010 - 63939796

书号：ISBN 978 - 7 - 5197 - 5998 - 8
定价：49.00 元
凡购买本社图书，如有印装错误，我社负责退换。电话：010 - 83938349

撰稿人

焦洪昌　张　鹏　杨敬之　范力文
黄亚熙　陈佳维　刘杰超　潘　峰
王敬妍　王紫薇　俞　伟

编写说明

2020 年 11 月 16 日至 17 日召开的中央全面依法治国工作会议，明确了习近平法治思想在全面依法治国工作中的指导地位，这是我国社会主义法治建设中具有现实意义和深远意义的大事。习近平法治思想是马克思主义法治理论中国化的最新成果，是习近平新时代中国特色社会主义思想的重要组成部分，是全面依法治国的根本遵循和行动指南。

在习近平新时代中国特色社会主义思想指导下，为深入学习贯彻习近平法治思想，我们编写了《青少年宪法学习读本》，以落实《中央宣传部、司法部关于开展法治宣传教育的第八个五年规划（2021—2025 年）》“加强青少年法治教育。全面落实《青少年法治教育大纲》，教育引导青少年从小养成尊法守法习惯”的要求，切实抓好普法学习宣传，增强青少年的法治观念，维护好青少年的权益。本书前身为《青少年宪法读本》，本次修订如下：

第一，本书在青少年法治教育中全面贯彻落实习近平法治思想，并加入习近平法治思想的核心要义“十一个坚持”。

第二，本书根据《民法典》以及新修订的《未成年人保护法》等法律，进行了重大修订。

第三，以我国的历史典故、事例和案件，讲述中国宪法法治故事。

第四，增强对事例和案件的法律分析，培养青少年的法治思维和法治理念，使其在尊重法律的基础上，遵守法律。

第五，更新所引用的数据资料。

普法宣传是一个长期、持续的过程，任重道远。2020 年 12 月，中共中央印发了《法治社会建设实施纲要（2020—2025 年）》，明确提出到 2025 年，“八五”普法规划实施完成，法治观念深入人心，社会领域制度规范更加健全，社会主义核心价值观要求融入法治建设和社会治理成效显著，公民、法人和其他组织合法权益得到切实保障。希望本书能为我国的法治建设、青少年法治观念的增强和权益维护发挥作用，作出应有的贡献。

全国“八五”普法学习读本编写组

2021 年 10 月

目录 Contents

一、你知道什么是宪法吗

二、公民权利义务知多少

延伸阅读

三、细说国家方针政策与国家机构

延伸阅读

四、我国的代表与象征

一、你知道什么是宪法吗

1. 宪法是中国人民奋斗的成果

场景再现

1949 年 10 月 1 日下午 3 时，首都各界群众 30 万人齐聚北京天安门广场。在热烈的掌声中，毛泽东主席和 6 位副主席、政协委员、政协代表们走上天安门城楼。毛主席走到话筒前，此时，天安门广场鸦雀无声，只剩下广播喇叭中“嘶嘶”的电流声。只见毛主席再向前一小步，离话筒更近了，他庄严地宣告：“中华人民共和国中央人民政府今天成立了！”

顿时，原本寂静的广场上呼声雷动，飞舞的彩旗也像是在表达着欢悦、激动。毛主席按动电钮，第一面五星红旗冉冉升起，54 门礼炮齐鸣 28 响，代表着自 1921 年以来中国共产党领导着中国人民 28 年的奋斗历程。

1949 年 10 月 1 日，我们伟大的祖国，中华人民共和国成立了。

宪法条文

本宪法以法律的形式确认了中国各族人民奋斗的成果……

——《宪法》“序言”

知识集锦

鸦片战争后，昔日的“天朝上国”被西方国家的坚船利炮打开了国门；1894 年中日甲午战争中中国战败，当时的清政府迫于无奈向日本支付了大量赔款；1897 年德国出兵强占胶州湾，引发了列强瓜分中国的狂潮。

中华危矣！

为了拯救中国，康有为上书光绪皇帝《应诏统筹全局折》。光绪皇帝颁布了“明定国是”诏书，宣布变法。变法要求废除旧法，在学习西方文化、科学技术和经营管理制度的基础上发展资本主义，自上而下地进行改革，兴民权、设议院，建立君主立宪政体，最终达到富国强民的目的。这就是历史上著名的“百日维新”。维新派希望通过学习西方，制定出新的制度，来拯救处于水深火热中的中国，但是这次努力却遭到了守旧派的反对，最终失败。参加变法的谭嗣同在被问罪斩首时大义凛然地说道：“各国变法，无不从流血而成。今中国未闻有因变法而流血者，此国之所以不昌也。有之，请自嗣同始！”

1905 年，清政府面对越来越糟糕的处境，不得不承认如果不进行改良，统治便无法维持。1905 年派遣载泽、戴鸿慈、李盛铎、端方、尚其亨等 5 位大臣出国考察。1906 年根据 5 位大臣的考察报告，清政府宣布预备“仿行宪政”。1908 年 8 月 27 日，《钦定宪法大纲》作为中国历史上第一部宪法性文件终于面世。但是，《钦定宪法大纲》颁布得太迟了，伴随着辛亥革命的炮火已化为历史的尘埃。

辛亥革命后，中华民国建立，这意味着反帝反封建革命取得部分胜利；但是，实际上中国国内的环境却更复杂，不仅军阀林立，百姓遭受着官僚资本主义的压榨，而且还遭受着日本帝国主义的凌虐。1945 年，世界反法西斯战争取得了最终胜利，作为东方战场的中国终于战胜了日本帝国主义的侵略，抗日战争的胜利意味着反帝国主义革命的胜利。

1949 年人民解放军渡过长江，占领南京。1949 年 10 月 1 日，毛主席在北京天安门城楼上宣布中华人民共和国成立。此时的中国人民，才真正地站了起来。

条文解析

回顾历史，我们可以知道，在半殖民地、半封建社会的中国，人民生活在水深火热之中，他们渴望着民族独立、国家富强，渴望着幸福。中华民族从来不是懦弱的民族，勤劳、勇敢是中华民族的品质，中华儿女为了国家独立、民族解放和民主自由进行了前仆后继的英勇奋斗。中华人民共和国的建立不是一朝一夕得以完成的，今天的中国是各族人民奋斗的成果，宪法以法律的形式确认了中国各族人民奋斗的成果。

相关链接

七律·人民解放军占领南京

毛泽东

钟山风雨起苍黄，百万雄师过大江。
虎踞龙盘今胜昔，天翻地覆慨而慷。

宜将剩勇追穷寇，不可沽名学霸王。
天若有情天亦老，人间正道是沧桑。

注：这是毛泽东创作于1949年的七律，热情歌颂了人民解放军渡过长江、解放南京的光辉史实。

小小活动

有条件的同学可以去天安门城楼进行参观，可以和家人一起观看影片《建国大业》。

我的感想

2. 宪法是我国的根本法

场景再现

一天放学后，小天和小凡一起回家。当聊到下午参加的普法活动时，小天拿出了下午领取的小红本，小红本上写着“宪法”两个字。翻开了一页，小天说道：“你看你看，今天上课的小姐姐说，宪法是我们国家最厉害的法律了！”小凡听了立马说道：“最厉害的明明是刑法！你看电视剧里的那些律师，不都是说着说着就是《刑法》多少条吗？《宪法》倒还没有看到过呢。”小天努力地回忆着看过的电视剧场景，想要反驳小凡，但是思前想后都没辙，说道：“哼，等下周小姐姐再来上课时我们好好问问她，看到底是宪法厉害，还是刑法厉害。”

那么，同学们觉得呢？

宪法条文

本宪法以法律的形式确认了中国各族人民奋斗的成果，规定了国家的根本制度和根本任务，是国家的根本法，具有最高的法律效力。

——《宪法》“序言”

知识集锦

宪法是法律，但是它又不同于一般的法律，宪法是一个国家的法律体系中处于最高位阶的法律。

2011 年 3 月 10 日，时任全国人民代表大会常务委员会（以下简称全国人大常委会）委员长吴邦国同志在第十一届全国人民代表大会第四次会议上作工作报告时庄严宣布，一个立足中国国情和实际、适应改革开放和社会主义现代化建设需要、集中体现党和人民意志的，以宪法为统帅，以宪法相关法、民法商法等多个法律部门的法律为主干，由法律、行政法规、地方性法规等多个层次的法律规范构成的中国特色社会主义法律体系已经形成。

这段话是什么意思呢？我国是具有中国特色的社会主义国家，自然地，我国的法律应该是围绕中国特色社会主义而制定的法律体系。就像是一棵树，主干是中国特色社会主义制度，而各个枝丫就是对社会生活的方方面面进行管理的具体制度，枝丫上的细枝末节则是更加具体的制度；而我国的社会主义制度是由宪法予以确认的，社会生活各个方面的具体制度由宪法相关法、民商法等部门法进行规定，更具体的部分则由行政法规等加以规定，这就是以宪法为统帅的中国特色社会主义法律体系的形象表达。

条文解析

《宪法》的第一章是总纲，所谓提纲挈领，抓住纲领是十分重要的。就像建造一栋大楼，最基本的就是打好地基，在稳固的地基上搭建钢筋混凝土的框架，大楼是否坚固，看的就是框架是否坚不可摧。国家的根本制度就像是地基，是一国的立国之基；基本制度就像是框架，它决定着一个国家应当如何运行。光有根基是不够的，社会生活纷繁复杂，因此，需要更细致的制度对国家的运行进行调节。这就是总纲中规定的基本制度的重要作用。就像整个学校需要有校规，但是仅有校规是不够的，还需要更具体的班规对每个班级进行管理。

正因为宪法规定了我国的根本制度和根本任务以及相关的基本制度，建设社会主义的各项事业才能够进行。所以说，宪法是根本法。

相关链接

宪法规定了我国的根本制度和根本任务。

根本制度——社会主义制度。中国共产党领导是中国特色社会主义最本质的特征。

根本任务——沿着中国特色社会主义道路，集中力量进行社会主义现代化建设。中国各族人民将继续在中国共产党领导下，在马克思列宁主义、毛泽东思想、邓小平理论、“三个代表”重要思想、科学发展观、习近平新时代中国特色社会主义思想指引下，坚持人民民主专政，坚持社会主义道路，坚持改革开放，不断完善社会主义的各项制度，发展社会主义市场经济，发展社会主义民主，健全社会主义法治，贯彻新发展理念，自力更生，艰苦奋斗，逐步实现工业、农业、国防和科学技术的现代化，推动物质文明、政治文明、精神文明、社会文明、生态文明协调发展，把我国建设成为富强民主文明和谐美丽的社会主义现代化强国，实现中华民族伟大复兴。

我的感想

3. 我国的现行宪法是 1982 年《宪法》

场景再现

1982 年的夏天和往年夏天有些不同，街头巷尾，大家似乎都在讨论着同一个话题。中央和国务院各部门、人民解放军、各民主党派和各人民团体都显得异常忙碌。在会议上，时不时会发生争论，大家都想要表达自己的意见。人们在做什么呢？原来这个夏天，全国展开了关于宪法修改草案的讨论。盛况空前，几亿人都参加到讨论中，持续时间长达 4 个月之久！

我国著名宪法学家许崇德教授回忆道，“令我印象深刻的是，这次除了有地方统一汇总寄来的意见之外，还有许多民众单独寄来自己的意见。我记得，江西省原省委书记杨尚奎提的意见，是亲自用毛笔写的，字体工工整整，而且篇幅很长”。

每一份意见都饱含着人民对祖国未来殷切的期待。

宪法条文

《中华人民共和国宪法》已由中华人民共和国第五届全国人民代表大会第五次会议于 1982 年 12 月 4 日通过，现予公布施行。

——1982 年 12 月 4 日《中华人民共和国全国人民代表大会公告》

知识集锦

1949 年当毛主席在天安门城楼宣布中华人民共和国成立时，我国还没有一部正式的宪法。此时，起到临时宪法作用的文件是《中国人民政治协商会议共同纲领》，也就是我们所熟知的《共同纲领》。

随着社会主义革命和建设的逐步展开，中央人民政府决定在 1954 年召开全国人民代表大会，制定属于我国的宪法。经过紧锣密鼓的工作，终于在 1954 年 9 月 20 日，《中华人民共和国宪法（草案）》提交第一届全国人民代表大会第一次会议讨论通过了。这是我国第一部宪法，被称为 1954 年《宪法》。

社会生活是在发生着变化的，1956 年三大改造的完成，标志着我国社会主义制度的确立。因此，1954 年《宪法》已经与现实不相契合，我国在 1975 年和 1978 年分别制定了两部宪法，被称为 1975 年《宪法》和 1978 年《宪法》。

1982 年，经历了 10 年“文化大革命”的中国百废待兴，而改革开放也给中国带来了新的机遇与挑战。1982 年 4 月 26 日，第五届全国人大常委会第二十三次会议通过了《关于公布〈中华人民共和国宪法修改草案〉的决议》。会议之后，全国人大常委会向社会公布了宪法修改草案，交付全国各族人民讨论。

1982 年 11 月 26 日，第五届全国人民代表大会第五次会议听取了时任全国人大常委会副委员长、宪法修改委员会副主任委员彭真同志所作的关于宪法修改草案的报告，12 月 4 日，大会以无记名投票方式表决通过了宪法修改草案。到会代表 3040 人，赞成票 3037 张，弃权票 3 张，反对票 0 张。经过精心酝酿，几经修改，经由代表们投票，在全国人民的共同参与和见证下，我国的现行宪法——1982 年

《宪法》应运而生。

条文解析

自中华人民共和国成立以后，在共和国的历史上一共出现了四部宪法，分别是1954年《宪法》、1975年《宪法》、1978年《宪法》和1982年《宪法》，全面修改宪法意味着“旧”宪法的失效，因此自1982年12月4日公布施行时起，我国现行有效的就是1982年《宪法》。

相关链接

“宪法的全面修改”与“宪法的部分修改”有什么不同？

在我国，“宪法的全面修改”等同于宪法的制定。也就是说，宪法经过全面修改之后，前一部宪法就被新的宪法取代，失去效力。我国历史上共有4次全面修改宪法，最后一次全面修改即产生了1982年《宪法》。

“宪法的部分修改”是对现行《宪法》中的部分条款进行修改，但不导致整部宪法的失效。我国现行《宪法》自1982年公布施行时起，共进行了5次修改，分别产生了1988年《宪法修正案》、1993年《宪法修正案》、1999年《宪法修正案》、2004年《宪法修正案》、2018年《宪法修正案》。

小小活动

同学们可以利用互联网查找已经失效的几部宪法，看看这几部宪法在条文数、结构等方面有什么不同。

我的感想

____

____

____

4. 宪法的尊严由我们来维护

场景再现

教师节这天，小蓝和小新回到小学看望老师，正巧碰到一群一年级小学生在阳光下举行入队仪式。只见他们举起了右手，宣誓道："我是中国少年先锋队队员。我在队旗下宣誓：我热爱中国共产党，热爱祖国，热爱人民，好好学习，好好锻炼，准备着：为共产主义事业贡献力量！时刻准备着！"小蓝看着他们，似乎又看着更远的地方，说道："你还记得我们当时入队吗？"小新笑道："当然记得了！当时宣誓时可紧张了，这一宣誓完手心里都是汗。不过啊，宣誓的时候觉得充满力量！”

他们向前走了几步，小蓝问道：“前几天新闻你看了没？说是有宪法宣誓制度了。”小新偏着头：“宪法宣誓？”

“对，新闻里说的，国家工作人员就职时要对着宪法宣誓，特别庄严神圣。”小蓝顿了顿，“要是我哪天能对宪法宣誓就好了……”

宪法条文

第二十七条第三款　国家工作人员就职时应当依照法律规定公开进行宪法宣誓。

知识集锦

宪法是根本法，宪法是根本的活动准则。但是遵守宪法、保证宪法实施的前提是，我们要建立起对宪法的信仰，我们要如同热爱自己的祖国一样热爱宪法，维护宪法的尊严。只有我们真心相信、尊重宪法，才能真正地遵守宪法。

我们如何维护宪法的尊严呢？在各式各样的方法之中，宪法宣誓制度是一种极好的方式，因为它让宪法成为看得见的宪法。

在人类的历史长河中，充满着各式各样的仪式，这些仪式深刻地影响着人类的生活。宣誓也是一种仪式。2015 年 7 月 1 日，全国人大常委会通过了《关于实行宪法宣誓制度的决定》，并于 2018 年 2 月加以修订，规定“各级人民代表大会及县级以上各级人民代表大会常务委员会选举或者决定任命的国家工作人员，以及各级人民政府、监察委员会、人民法院、人民检察院任命的国家工作人员，在就职时应当公开进行宪法宣誓”。2018 年我国《宪法》修改，将宪法宣誓制度作为第 3 款写入第 27 条，规定“国家工作人员就职时应当依照法律规定公开进行宪法宣誓”。

宪法宣誓的誓词：“我宣誓：忠于中华人民共和国宪法，维护宪法权威，履行法定职责，忠于祖国、忠于人民，恪尽职守、廉洁奉公，接受人民监督，为建设富强民主文明和谐美丽的社会主义现代化强国努力奋斗！”铿锵有力的誓词，不仅增强了公职人员的宪法观念，激励公职人员忠于宪法和维护宪法，同时激荡着所有公民的内心，让中华人民共和国公民感受到宪法的至高无上。

条文解析

宪法规定了公民的基本权利与义务，它划分了国家与公民之间的界限——让国家权力不去侵犯公民的基本权利，宪法保障着人民获得幸福的基本权利。如果想要生活得更加有尊严，那么，首先就得维护宪法的尊严，让宪法得以真正地贯彻实施。

小小活动

试着大声朗诵我国的宪法宣誓誓词。

我的感想

____

____

____

延伸阅读

12 月 4 日是我国的“国家宪法日”

场景再现

1982 年 12 月 4 日，在第五届全国人民代表大会第五次会议上，3000 多名全国人大代表通过无记名投票，表决通过了我国现行《宪法》。

2014 年 11 月 1 日第十二届全国人大常委会第十一次会议表决通过《关于设立国家宪法日的决定》，将 12 月 4 日设立为“国家宪法日”，在全社会开展普及宪法教育，弘扬宪法精神。

2014 年 12 月 4 日是我国首个“国家宪法日”，全国各地通过向国旗宣誓迎接宪法日、送法进校园、组织宪法集体宣誓等各式各样的普法活动渲染“国家宪法日”文化，树立宪法权威。

宪法条文

全国各族人民、一切国家机关和武装力量、各政党和各社会团体、各企业事业组织，都必须以宪法为根本的活动准则，并且负有维护宪法尊严、保证宪法实施的职责。

——《宪法》“序言”

知识集锦

我们正身处一个与宪法息息相关的世界，设立“国家宪法日”是国际惯例。在现代法治国家，宪法具有最高权威，很多国家以宪法日这种形式纪念宪法实施。设立“国家宪法日”体现的是宪法的自信，培养的是对宪法的认同。提升国民对宪法的忠诚度，是加强其对宪法的敬仰和敬畏的主要方式。

“国家宪法日”的设立给了我们走近宪法的机会，“让宪法走入公众生活，走近百姓，将宪法课堂搬进校外”“改造现实比探究现实更有意义”。其实，宪法真的离我们很近。

“国家宪法日”是公民的“权利宣言日”，也是“权力规范日”，更是全社会共同维护宪法至上地位的“信仰日”和“行动日”。

条文解析

“国家宪法日”的意义绝不仅仅在于其历史价值，更在于其通过大量的纪念活动使宪法深入人心，树立宪法的权威，完成公民宪法教育的崇高追求。

相关链接

宪法宣传周

为了使宪法法律融入日常生活、走入人民群众，推动在全社会形成宪法学习宣传的热潮，2018 年，在第五个“国家宪法日”到来之际，我国开展了第一个“宪法宣传周”活动，主题为“尊崇宪法、学习宪法、遵守宪法、维护宪法、运用宪法”。全国各地组织开展了国家工作人员宪法宣誓、全国中小学生“宪法晨读”、“中国宪法边疆行”等一系列丰富多彩的活动。此后每年 12 月 4 日所在的那一周都会举办全国“宪法宣传周”活动，2019 年的活动主题为“弘扬宪法精神，推进国家治理体系和治理能力现代化”，2020 年的活动主题为“深入学习宣传习近平法治思想，大力弘扬宪法精神”。

小小活动

同学们，你参加过学校或社区组织的“国家宪法日”活动吗？12 月 4 日，感受宪法文化，赶快行动起来。

我的感想

____

____

____

二、公民权利义务知多少

1. 具有中华人民共和国国籍的人都是中华人民共和国公民

场景再现

1989 年，66 岁的郭竹峦老人和老伴跟随小女儿来到澳大利亚悉尼，并在 10 年后加入了澳大利亚国籍。可老人总是说："叶落总要归根，等我老了，还是要回去的。"

2003 年，痛失老伴的郭竹峦第一次正式向家人提出了返回中国的要求。因郭竹峦年事已高，大女儿苏怡劝住了老人，但老人并没有就此打消回家的念头。又一个 10 年过去了，在此期间，老人摔了跤，中了风，家人把她送到当地一家养老院边康复边养老。老人年纪越来越大，时常犯点糊涂，可她坚持每天早上 6 点起床，就为了看半小时《中国新闻》。每次家人探望，她总是一遍遍执拗地重复着："我要回家！"

2013 年 6 月，已经 90 岁高龄的郭竹峦老人终于回到她魂牵梦萦整整 24 年的"家"。2013 年年底，面临签证到期的问题，女儿和老人商量，干脆放弃澳大利亚国籍，重新恢复中国国籍。经过中澳两地奔波，通过笔录、拍照、指纹采集、亲属关系证明、澳大利亚退籍证明、恢复中国国籍申请、户口办理、身份证办理等一系列程序，2014 年 4 月 24 日，苦苦等待中的郭竹峦老人终于拿到了属于自己的二代身份证和户口簿。对着上门送证的派出所户籍警，老人笑成了花："终于回家了！”

“这里是我的家，我要回来。”郭竹峦老人拿着自己的户口簿和身份证，高兴得像个孩子一样。郭竹峦老人恢复国籍后，她曾工作的单位很快为其恢复了医疗、养老等社保待遇。

中华人民共和国国籍是中华人民共和国公民的身份象征，中国公民不得具有双重国籍。外国人或无国籍人申请加入中国国籍获得批准的，即取得中国国籍；被批准加入中国国籍的，不得再保留外国国籍；定居外国的中国公民，自愿加入或取得外国国籍的，即自动丧失中国国籍。

宪法条文

第三十三条第一款　凡具有中华人民共和国国籍的人都是中华人民共和国公民。

知识集锦

国籍，是指一个人属于一个国家的国民的法律资格，也是国家实行外交保护的依据。国籍的取得有通过出生取得和加入取得两种途径。通过出生取得国籍分为：依血统原则和依出生地原则。根据出生取得国籍，并非按照个人意愿的一种方式；通过加入取得国籍的方式，则是根据个人意愿或某种事实，并具备相关条件，才可取得他国国籍。

条文解析

国籍的取得、丧失和变更，由国籍法规定。由于各国对国籍的规定不同，往往会在特殊情况下出现双重国籍或无国籍的现象。例如，在采取依血统原则取得国籍的国家的公民，在采取依出生地原则取得国籍的国家生的小孩，就同时具有两个国家的国籍。反之，采取依出生地原则取得国籍的国家中的公民，在采取依血统原则取得国籍的国家生的小孩，则不具有任何一国的国籍。

相关链接

中华人民共和国国籍法

（1980 年 9 月 10 日第五届全国人民代表大会第三次会议通过）

第一条　中华人民共和国国籍的取得、丧失和恢复，都适用本法。

第二条　中华人民共和国是统一的多民族的国家，各民族的人都具有中国国籍。

第三条　中华人民共和国不承认中国公民具有双重国籍。

第四条　父母双方或一方为中国公民，本人出生在中国，具有中国国籍。

第五条　父母双方或一方为中国公民，本人出生在外国，具有中国国籍；但父母双方或一方为中国公民并定居在外国，本人出生时即具有外国国籍的，不具有中国国籍。

第六条　父母无国籍或国籍不明，定居在中国，本人出生在中国，具有中国国籍。

第七条　外国人或无国籍人，愿意遵守中国宪法和法律，并具有下列条件之一的，可以经申请批准加入中国国籍：

一、中国人的近亲属；

二、定居在中国的；

三、有其它正当理由。

第八条　申请加入中国国籍获得批准的，即取得中国国籍；被批准加入中国国籍的，不得再保留外国国籍。

第九条　定居外国的中国公民，自愿加入或取得外国国籍的，即自动丧失中国国籍。

第十条　中国公民具有下列条件之一的，可以经申请批准退出中国国籍：

一、外国人的近亲属；

二、定居在外国的；

三、有其它正当理由。

第十一条　申请退出中国国籍获得批准的，即丧失中国国籍。

第十二条　国家工作人员和现役军人，不得退出中国国籍。

第十三条　曾有过中国国籍的外国人，具有正当理由，可以申请恢复中国国籍；被批准恢复中国国籍的，不得再保留外国国籍。

第十四条　中国国籍的取得、丧失和恢复，除第九条规定的以外，必须办理申请手续。未满十八周岁的人，可由其父母或其他法定代理人代为办理申请。

第十五条　受理国籍申请的机关，在国内为当地市、县公安局，在国外为中国外交代表机关和领事机关。

第十六条　加入、退出和恢复中国国籍的申请，由中华人民共和国公安部审批。经批准的，由公安部发给证书。

第十七条　本法公布前，已经取得中国国籍的或已经丧失中国国籍的，继续有效。

第十八条　本法自公布之日起施行。

小小活动

同学们，你拥有中华人民共和国国籍吗？拿出你的身份证或户口簿，描述它包含的信息。

我的感想

____

____

____

2. 法律面前人人平等

场景再现

你关注过人民代表大会代表选举吗？老百姓将一张张选票投进票箱，选举出自己信赖的人作为人大代表。人大代表平时听取民意、了解民情，在人民代表大会召开时传递百姓心声，共商发展大计。过去，由于我国城市和乡村间发展存在较大差异，《全国人民代表大会及地方各级人民代表大会选举法》曾规定城乡每一全国人大代表所代表的人口数的比例为1∶8。1995年，这一比例修改为1∶4。2010年《全国人民代表大会及地方各级人民代表大会选举法》修改，规定“每一代表所代表的城乡人口数相同”，这意味着，每一位农村代表所代表的人口数量与城市代表相同，城乡选民实现了“同票同权”。

宪法条文

第三十三条第二款　中华人民共和国公民在法律面前一律平等。

知识集锦

“法律面前人人平等”是人们耳熟能详的法律原则，既体现着人们对法律最朴素的认识，也体现着人们对法律的期许。党的十一届三中全会恢复、确认了平等原则，平等权成为我国宪法上公民的一项基本权利。在坚持法治国家、法治政府、法治社会一体建设的新时期，我们依然要坚定地贯彻平等原则，坚决地保护公民的平等权。“法律面前人人平等”是实现各项公民权利的基础，也是公民平等参与社会生活的前提。我们要让这句嘹亮的口号深烙在人们心中。

条文解析

我国《宪法》中也有关于平等权的规定。《宪法》第33条第2款规定：“中华人民共和国公民在法律面前一律平等。”宪法上的公民平等权具有以下基本含义：（1）所有公民平等地享有宪法和法律规定的权利；（2）所有公民都平等地履行宪法和法律规定的义务；（3）国家机关在适用法律时，对所有公民的保护或者惩罚都是平等的，不得因人而异；（4）任何组织或者个人都不得有超越宪法和法律的特权。

另外，平等权也渗透其他宪法权利中。很多宪法权利中都包含平等的含义，都受平等规范的约束。任何一项宪法权利离开平等原则都是不完整的。例如，受教育权，根据《宪法》第46条第1款的规定，我国公民有受教育的权利和义务。根据《义务教育法》第4条的规定，凡具有我国国籍的适龄儿童、少年，不分性别、民族、种族、家庭财产状况、宗教信仰等，依法享有平等接受义务教育的权利，并履行接受义务教育的义务。可见，公民受教育的权利也受到平等规范的约束。

相关链接

《宪法》中涉及平等的条文较多，不仅限于第三十三条，还包括以下内容：

第四条第一款规定："中华人民共和国各民族一律平等……禁止对任何民族的歧视和压迫……"

第五条第五款规定："任何组织或者个人都不得有超越宪法和法律的特权。"

第三十四条规定："中华人民共和国年满十八周岁的公民，不分民族、种族、性别、职业、家庭出身、宗教信仰、教育程度、财产状况、居住期限，都有选举权和被选举权；但是依照法律被剥夺政治权利的人除外。"

第三十六条第二款规定："任何国家机关、社会团体和个人不得强制公民信仰宗教或者不信仰宗教，不得歧视信仰宗教的公民和不信仰宗教的公民。”

第四十八条规定：“中华人民共和国妇女在政治的、经济的、文化的、社会的和家庭的生活等各方面享有同男子平等的权利。国家保护妇女的权利和利益，实行男女同工同酬，培养和选拔妇女干部。”

我的感想

____

____

____

3. 国家尊重和保障我们的人权

场景再现

2003 年 6 月，张某在 W 市人事局报名参加安徽省国家公务员考试，报考职位为 W 县委办公室（经济管理专业）。经过笔试和面试，综合成绩在报考该职位的 30 名考生中名列第一，按规定进入体检程序。2003 年 9 月 17 日，张某在 W 市人事局指定的市人民医院进行体检，经诊断为“乙肝两对半小三阳”，主检医生确定其体检不合格。同年 9 月 25 日，W 市人事局组织包括张某在内的 11 名考生前往某医院进行复检。复检结果仍为不合格。依照体检结果，W 市人事局依据《安徽省国家公务员录用体检实施细则（试行）》，以口头方式向张某宣布，张某由于体检结果不合格而不予录取。张某不服 W 市人事局处理决定，将 W 市人事局告上了法庭，请求人民法院依法撤销被告的具体行政行为，并判令被告承担相应的法律责任。

宪法条文

第三十三条第三款　国家尊重和保障人权。

知识集锦

人权保障是宪法的核心，它是宪法的追求和目标。2004 年 3 月 14 日，第十届全国人民代表大会第二次会议通过了《宪法修正案》，将“国家尊重和保障人权”正式写入宪法，这是中国宪制史上的一件大事。对于国家和每一个公民，都具有非常重要的意义。

自 1949 年中华人民共和国成立以来，人权保障在中国的发展经历了三个阶段：1949 年至 1978 年，中国人民获得国家独立和国家权力，也获得了生存和发展的政治保障。1978 年至 2004 年，中国实行改革开放政策，人民生活水平有所提高，经济、文化和社会权利得到进一步改善。2004 年 3 月 14 日人权入宪，意味着中国在人权保障方面迈出了一大步。

将“国家尊重和保障人权”写入宪法，对中国宪法的发展意义重大。2004 年人权入宪，第一次将人权从政治概念变为法律术语，尊重和保障人权在此之前仅仅是我国政府的一项政策，但从此之后成为了核心的宪法原则。人权入宪，代表着尊重和保障人权已经成为国家的法定义务，一切侵犯人权和与人权相违背的行为将受到追究。同时，人权入宪也对我国之后的立法产生深远影响，因为一切立法都要符合宪法规定的尊重和保障人权的原则和精神；对之前已有的法律、法规要依据人权原则进行审查和梳理，有悖于人权保障的规定要修改或废止。

条文解析

尊重和保障人权成为国家追求的基本价值和根本目标。国家的权力来自人民，国家只有把尊重和保障人权作为根本目的，才会始终得到人民的支持，才会拥有其合法性基础。也就是说，尊重和保障人权是国家取信于民的根本要求。中国宪法明确写入“国家尊重和保障人权”这一条款，表明人权成为国家的价值观，成为中国特色社会主义的核心价值和基本目标。

相关链接

近年来，就业平等依然是人们最关心的现实问题之一。无论是在“蒋某与中国人民银行成都分行招录行员规定身长条件案”，还是在“张某诉 W 人事局案”中，原告因为对招录单位不予录取的决定不服而提起诉讼，其实质是因为被告单位对所提供岗位的限定条件不合理，而这种不合理体现在与该岗位的工作性质毫不相关，因此侵犯了人权。在“张某诉 W 人事局案”中，《安徽省国家公务员录用体检实施细则（试行）》构成歧视，侵犯了人权，其根源就是该细则禁止乙肝病毒携带者担任政府公职的做法缺乏合理、客观的依据。制定细则的初衷是防止乙肝传染，保护其他公务员以及公众的健康。的确，政府在保护公众健康方面具有合法利益，在招录公务员时设置包括身体健康等在内的招录条件无可厚非。但是该细则中关于不得录取乙肝病毒携带者的规定应当与所任职位之间具有合理、客观的关联性。然而该细则作此规定的原因是医学界长期以来错误地认为一般接触可能导致乙肝传染。但医学常识告诉我们，与艾滋病一样，乙肝病毒主要传播途径为血液、母婴和性，乙肝病毒携带者在日常工作、学习中不会对周围人群构成直接危害。从目前医疗情况看，乙肝尚难以得到根治，但乙肝病毒携带者只需定期复查就可正常工作、生活。乙肝病毒携带与工作能力无关，如果仅根据与工作能力无关的医疗记录判定一个人是否胜任一个职位，就构成歧视。我国医学界也已就乙肝病毒携带者可以正常工作、学习达成共识。显然，该细则把乙肝病毒携带者排除在公务员招录范围之外，这种区别对待与政府相应职位之间不具有合理、适当的关联性，侵犯了人权。

中国在人权保障方面作出了不懈努力。就该案来说，无论原告是否胜诉，均具有实践意义，推动了我国宪法的发展与尊重和保障人权的落实。有关人权保障诉讼的胜利，推动了我国《宪法》第 33 条第 3 款“国家尊重和保障人权”的有效实施。

小小活动

感兴趣的同学可以收集有关人权的小故事。

我的感想

4. 未成年人人格尊严不可侵犯

场景再现

在某小学，数名学生因为调皮捣蛋被班主任老师罚舔教室地面、吃“垃圾”。班主任老师却辩称：“这群孩子不听话，明知道学校纪律，而且我再三强调，他们还违反，我非常生气才这样罚他们的。我知道这样做不对，但我只是迫切希望自己带的班级能够更好。那些犯错误的学生，罚了他们才能长记性。”

宪法条文

第三十三条第二款、第三款　中华人民共和国公民在法律面前一律平等。

国家尊重和保障人权。

第三十八条　中华人民共和国公民的人格尊严不受侵犯。禁止用任何方法对公民进行侮辱、诽谤和诬告陷害。

知识集锦

该案例中老师的这种惩罚方式，已经不仅仅是方法不当，甚至还触犯了法律。我国《宪法》明文规定，人格尊严不受侵犯。人格尊严是宪法赋予每个公民的权利，无论年龄大小，人格尊严都一律受到法律的保护。

该案例中，老师侮辱学生的行为，虽然初衷是为了维护学校的纪律，但她没有意识到自己违反了法律规定。除了《宪法》,《义务教育法》《教师法》都明确规定，教师应当尊重学生的人格，不得歧视学生，不得对学生实施体罚、变相体罚或者其他侮辱人格尊严的行为，不得侵犯学生的合法权益。同时法律也规定，受害学生和家长可以要求校方对老师进行处分，也可以到教育行政部门申诉，要求撤销该教师的教师资格，或给予其他处分。

条文解析

未成年人年纪虽小，但也有自己的人格尊严，老师应当尊重学生的人格尊严。个别教师随意训斥学生，尤其在学生违反纪律时采取带有侮辱性的方式惩罚学生是错误的。这样的行为会导致学生的自尊受到伤害，不利于未成年人的身心发展。

小小活动

和老师谈一谈自己心里所想，尝试和老师做朋友。

我的感想

____

____

____

5. 选举权是民主制度的基石

场景再现

1953年4月到6月，全国人民迎来了政治生活的一件大事——中华人民共和国第一次人大代表普选。毛泽东主席在中南海选区参加投票，英勇的中国人民志愿军战士在朝鲜战场参加投票，江南水乡的选民划着小船去投票，有的妇女从娘家赶回来参加投票，有的新婚夫妇在通往婚礼的路上参加投票，流动票箱帮助行动不方便的人足不出户就能投票……大家热情洋溢地投入这场规模浩大的民主盛会中，积极地行使自己的选举权。这次全国基层选举工作有近6亿人参加选举，选出基层人民代表550多万名，为第一届全国人民代表大会的胜利召开作了重要准备。

宪法条文

第三十四条　中华人民共和国年满十八周岁的公民，不分民族、种族、性别、职业、家庭出身、宗教信仰、教育程度、财产状况、居住期限，都有选举权和被选举权；但是依照法律被剥夺政治权利的人除外。

知识集锦

我国是人民民主的国家，国家的一切权力属于人民，人民行使国家权力的方式是选举人民代表组成各级人民代表大会，通过人民代表大会实现人民民主。我国的人大代表选举分为直接选举和间接选举。直接选举是由选民直接选举出人大代表，我国县、不设区的市、市辖区、乡、民族乡、镇的人大代表由选民直接选举产生。间接选举是指由下一级人大代表选举产生上一级人大代表，适用于县级以上人大代表的选举。

条文解析

选举权是指公民依照法律规定享有参加选举的权利，包括参加提名代表候选人，参加讨论、酝酿、协商代表候选人名单，参加投票选举等。

简单来说，选举权就是我们选出自己信任的人，由他们代表我们去讨论国家大事，表达我们的观点。对于候选人来说，获得足够的选票就能够当选。

选举权的普遍性，是指一国公民中能够享有选举权的广泛程度。根据我国《宪法》第 34 条和《全国人民代表大会和地方各级人民代表大会选举法》第 4 条的规定，凡年满 18 周岁的中华人民共和国公民，除依法被剥夺政治权利的人以外，不分民族、种族、性别、职业、家庭出身、宗教信仰、教育程度、财产状况和居住期限，都享有选举权和被选举权。由此可见，在我国享有选举权的基本条件有三：一是具有中国国籍，是中华人民共和国公民；二是年满 18 周岁；三是依法享有政治权利。除此之外，公民不因诸如民族、种族、性别、财产状况、居住期限、教育程度等因素的差别，而使享有选举权的资格受到限制或剥夺。

小小活动

尽管同学们现在年龄还小，还不能行使法律意义上的选举权，但同学们可以通过参加一次班委选举、学生干部选举，体会行使选举权。

我的感想

____

____

____

6. 我们“说话”的自由

场景再现

发生在2006年的“重庆彭水诗案”被认为是保障公民言论自由的标志性案例。2006年8月15日，重庆市彭水县的秦某写了一条名为《沁园春·彭水》的短信，针砭彭水县时弊，之后，秦某通过手机和QQ向多位朋友发送了这条短信。8月31日，警察搜查了秦某办公室的电脑，没收了他的手机，将秦某带到县公安局审讯，之后搜查了秦某的家，查收了他的电脑。9月1日晚，县公安局决定以涉嫌诽谤罪对他实行刑事拘留，9月11日，执行逮捕。该案因被媒体报道引发全国关注，并展开广泛讨论。9月29日，彭水县公安局以“犯罪情节轻微，采取取保候审不致发生社会危险”为由，对秦某取保候审。10月23日，重庆市公安局组成调查组进驻彭水，对此案进行审查。10月24日，重庆市公安局认定此案为错案，责成彭水县公安局立即撤销。当日，彭水县公安局撤销了案件。随后，彭水县检察院给予秦某2125.70元国家赔偿。

宪法条文

第三十五条　中华人民共和国公民有言论、出版、集会、结社、游行、示威的自由。

知识集锦

言论自由是通往民主的必经之路。允许人们自由发表观点、自由讨论，是民主制度的基石。我国宪法赋予了公民言论自由的权利，公民可以发表各种意见、提出建议。随着网络新媒体的迅猛发展，我国公民的言论开放程度也进一步提高，充分发挥宪法和法律对言论自由的保障机制，是民主政治发展的基础。通过网络这一现代社交平台，公民可以更有效地行使宪法赋予的诸项表达自由，不仅限于言论自由，包括批评建议、申诉控告、检举揭发、结社集会等民主监督权利，进而对公权力的运行进行监督制约，促进民主政治的发展。《宪法》明确言论自由的目的，就是要确保公民可以自由地参与到公共事务的讨论中。

条文解析

言论自由不能等同于不顾后果的自由言论。我国《宪法》第35条规定："中华人民共和国公民有言论、出版、集会、结社、游行、示威的自由。"但同时也规定，公民在行使自由和权利时，不得破坏社会秩序，不得违背宪法和法律，不得损害国家的、社会的、集体的利益或者其他公民的合法的自由和权利。公民享有言论自由，同时也受到宪法和法律的限制。没有言论自由就没有民主，而没有限制的言论自由也是对民主的破坏。

我的感想

____

____

____

7. 我国公民有信仰宗教的自由

场景再现

小柔暑假跟着父母到古都洛阳旅游，旅行的第一站便是龙门石窟。从历史课本上，小柔了解到龙门石窟与敦煌莫高窟、云冈石窟并称中国三大石窟，但亲临其境，小柔还是被深深地震撼了。无数个石窟中有大大小小的佛像，这些佛像造型各异、神态逼真，虽年代久远，小柔仿佛能够感受到佛像那慈悲的目光望向世间，悲悯着人间的苦难。走到几个石窟前，里面没有任何佛像，正中间却有一块蒲团。原来，这些石窟是参佛者为自己修习佛法挖掘的，他们为了参悟佛法，寄身于山水之中，磨砺、锻炼着自己。

宪法条文

第三十六条　中华人民共和国公民有宗教信仰自由。

任何国家机关、社会团体和个人不得强制公民信仰宗教或者不信仰宗教，不得歧视信仰宗教的公民和不信仰宗教的公民。

国家保护正常的宗教活动。任何人不得利用宗教进行破坏社会秩序、损害公民身体健康、妨碍国家教育制度的活动。

宗教团体和宗教事务不受外国势力的支配。

知识集锦

中国是个多宗教的国家。中国宗教徒信奉的主要有佛教、道教、伊斯兰教、天主教和基督教。

在中国，全国性的宗教团体有中国佛教协会、中国道教协会、中国伊斯兰教协会、中国天主教爱国会、中国天主教主教团、中国基督教三自爱国运动委员会、中国基督教协会等。各宗教团体按照各自的章程选举、产生领导人和领导机构。

在漫长的历史发展中，中国的宗教文化已成为中国传统思想文化的一部分。中国的宗教徒有爱国爱教的传统。中国政府支持和鼓励宗教界团结信仰宗教群众积极参加国家的建设。各宗教都倡导服务社会，造福人群，如佛教的“庄严国土，利乐有情”，天主教、基督教的“荣神益人”，道教的“慈爱和同、济世度人”，伊斯兰教的“两世吉庆”等。

在中国，各种宗教地位平等，和谐共处，未发生过宗教纷争；信仰宗教的与不信仰宗教的公民之间也彼此尊重，团结和睦。这既是由于源远流长的中国传统思想文化中兼容、宽容等精神的影响，更是因为中华人民共和国成立后，中国政府制定和实施了宗教信仰自由政策，建立起了符合国情的政教关系。

条文解析

根据我国《民法典》《民族区域自治法》《教育法》《劳动法》《义务教育法》《全国人民代表大会和地方各级人民代表大会选举法》《村民委员会组织法》《广告法》等法律的规定，公民不分宗教信仰都享有选举权和被选举权；宗教团体的合法财产受法律保护；教育与宗教相分离，公民不分宗教信仰依法享有平等的受教育机会；各民族人民都要互相尊重语言文字、风俗习惯和宗教信仰；公民在就业上不因宗教信仰不同而受歧视；广告不得含有对民族、种族、宗教歧视性的内容。

我国政府颁布了《境内外国人宗教活动管理规定》，尊重在中国境内的外国人的宗教信仰自由，保护外国人在宗教方面同中国宗教界进行的友好往来和文化学术交流活动。

中国对公民宗教信仰自由权利的法律保障，与国际有关文书和公约在这方面的主要内容是基本一致的。《联合国宪章》、《世界人权宣言》、《经济、社会及文化权利国际公约》、《公民权利和政治权利国际公约》、联合国《消除基于宗教或信仰原因的一切形式的不容忍和歧视宣言》以及《维也纳宣言和行动纲领》中关于宗教或信仰自由是一项基本人权，公民有宗教或信仰的选择自由，不得以宗教或信仰原因为由对任何人加以歧视，有宗教礼拜和信仰集会及设立和保持一些场所之自由，有编写、发行宗教或信仰刊物的自由，有按宗教或信仰戒律过宗教节日及举行宗教仪式的自由，促进和保护民族、种族、宗教和语言上属于少数的人的权利等，这些内容在中国的法律、法规中都有明确规定，并得到实施。

中国法律规定，公民在享有宗教信仰自由权利的同时，必须承担法律所规定的义务。在中国，任何人、任何团体，包括任何宗教，都应当维护人民利益，维护法律尊严，维护民族团结，维护国家统一。这与联合国有关的人权文书和公约的相关内容是一致的。联合国《消除基于宗教或信仰原因的一切形式的不容忍和歧视宣言》中提出，有表明自己选择宗教或信仰的自由，其所受限制只能在法律规定以及为保障公共安全、秩序、卫生、道德或他人基本权利和自由所必要的范围之内。《公民权利和政治权利国际公约》也提出："任何鼓吹民族、种族或宗教仇恨的主张，构成煽动歧视、敌视或强暴者，应以法律加以禁止。"

相关链接

我国《宪法》《教育法》《民族区域自治法》等法律规定，国家保护正常的宗教活动。任何人不得利用宗教进行破坏社会秩序、损害公民身体健康、妨碍国家教育制度的活动。宗教团体和宗教事务不受外国势力的支配。国家实行教育与宗教相分离。

国家保护公民的宗教信仰自由，但公民也必须坚持不利用宗教干预国家行政、司法、教育、婚姻等，履行国民义务教育的责任。

我的感想

8. 禁止非法搜查公民身体

场景再现

小蓝是一名初一的学生。有一天，他和爸爸一起去逛超市。小蓝和爸爸在超市里逛了一会儿，发现没有什么需要买的东西，于是就打算去另外的超市再逛逛。当他们走出超市的时候，超市的保安却拦住了他们。保安对他们说："我们怀疑你们拿了超市的东西，要对你们进行搜查，请你们配合我们的工作。"说完就想上前对父子二人进行搜查。小蓝的爸爸制止了他们的搜查行为，并对他们说："你们没有得到法律的允许，不能擅自搜查我们的身体。再说，你们也没有任何证据能够证明我们偷了超市的东西。如果再这样我们就要报警了！"双方争执不下，最终找到当地的派出所解决。派出所的警察在了解了情况后，认定超市工作人员在没有事实根据的情况下要求搜查身体的行为违反法律，并对他们进行了批评教育，要求他们向小蓝父子道歉，并还小蓝父子清白。最终，在警察的努力下，小蓝父子的权利得到了保障。

宪法条文

第三十七条　中华人民共和国公民的人身自由不受侵犯。

任何公民，非经人民检察院批准或者决定或者人民法院决定，并由公安机关执行，不受逮捕。

禁止非法拘禁和以其他方法非法剥夺或者限制公民的人身自由，禁止非法搜查公民的身体。

知识集锦

对公民身体的搜查，必须经过法定的机关和程序。目前，《刑事诉讼法》已对搜查公民身体的条件和程序作出具体规定，非依据法律的规定，任何组织和个人都不得擅自搜查公民的身体。根据这部法律的规定，对公民的身体进行搜查必须遵循下列程序：（1）只有为收集犯罪证据，查获犯罪人，侦查人员才可以对犯罪嫌疑人及可能隐藏犯罪证据的人的身体进行搜查。（2）进行搜查，必须向被搜查人出示搜查证，只有在紧急情况下才可以不用搜查证。（3）在搜查的时候，应当有被搜查人或者他的家属，邻居或者其他见证人在场。搜查妇女的身体，应当由女工作人员进行。（4）搜查的情况应当写成笔录，由侦查人员和被搜查人或者他的家属，邻居或者其他见证人签名或者盖章。如果被搜查人或者他的家属在逃或者拒绝签名、盖章，应当在笔录上注明。非法搜查公民身体，是一种犯罪行为。根据《刑法》第245条的规定，非法搜查他人身体的，处3年以下有期徒刑或者拘役，司法工作人员滥用职权犯此罪的，要从重处罚。

条文解析

《宪法》第 37 条是对公民人身自由的保护，人身自由是公民的一项基本权利。人身自由主要指公民的身体不受非法侵犯的自由。人身自由是公民参加国家政治生活、社会生活的基础。《宪法》第 37 条第 2 款规定："任何公民，非经人民检察院批准或者决定或者人民法院决定，并由公安机关执行，不受逮捕。"在我国，对公民的逮捕必须经人民检察院批准或决定或者人民法院决定，并且由公安机关执行，公民不受非法逮捕。《宪法》第 37 条第 3 款规定："禁止非法拘禁和以其他方法非法剥夺或者限制公民的人身自由，禁止非法搜查公民的身体。"这是对公民人身权利的一种保护，人身自由是公民的一项十分重要的权利和自由，是公民行使其他一切权利和自由的前提和基础。

我的感想

9. 请尊重我的通信秘密

场景再现

小柔是一个心思细腻、敏感害羞的女孩，她热爱写作。小学毕业后，她和曾经的好朋友上了不同的初中，害羞的她没有在初中交到知心朋友。无聊的时候小柔开始在一家文学网站上发表文章，还收获了一些粉丝的关注。某天，一个网名叫“南柯一梦”的人邀请小柔作笔友，两人约定互相通信，分享见闻，以期增进文笔，共同进步。小柔的同桌阿丽看到小柔经常从收发室取回信件，心里十分好奇，想知道经常和小柔写信的人是谁。有一天，趁小柔不在，阿丽偷偷拆开了小柔的信件。小柔知道后十分生气和难过，老师在了解情况后严厉地批评了阿丽。

宪法条文

第四十条　中华人民共和国公民的通信自由和通信秘密受法律的保护。除因国家安全或者追查刑事犯罪的需要，由公安机关或者检察机关依照法律规定的程序对通信进行检查外，任何组织或者个人不得以任何理由侵犯公民的通信自由和通信秘密。

知识集锦

我们总喜欢在有心事的时候、过节的时候、朋友生日的时候，给自己的知心朋友写封信，寻求他们的帮助或者向他们表示祝福。根据《宪法》第 40 条的规定可知，公民拥有通信自由和保护自己信件的权利。同时,《未成年人保护法》第 63 条第 1 款也规定：“任何组织或者个人不得隐匿、毁弃、非法删除未成年人的信件、日记、电子邮件或者其他网络通讯内容。”《治安管理处罚法》和《刑法》也对隐匿、毁弃、私拆他人信件的行为作出了规定。

本案例中，阿丽的好奇心使她作出了极其错误的行为。偷拆他人的信件，既违反了法律的规定，又是对他人的极度不尊重。

条文解析

未成年人享有通信自由与通信秘密的权利。即便是父母和老师也应当对此表示尊重。

我的感想

10. 我们有检举的权利

场景再现

黄女士在某县指定区域摆地摊卖玩具，县城管部门强行要求缴纳2000元保证金，否则就不允许她继续经营。黄女士通过国务院“互联网+督查”平台检举了此事。国务院办公厅督查室初步核实了黄女士的留言后，及时转给该县所在的自治区政府核查办理。经查，黄女士反映的问题属实。该县城管局城管大队以整治市容市貌和环境卫生为由，在没有法律法规依据的情况下，擅自决定向每个摊位收取2000元保证金，增加了群众负担。后来，该县城管大队停止了收取保证金的违法行为，并将已收取的9个摊点共18,000元全部退还。

宪法条文

第四十一条第一款、第二款　中华人民共和国公民对于任何国家机关和国家工作人员，有提出批评和建议的权利；对于任何国家机关和国家工作人员的违法失职行为，有向有关国家机关提出申诉、控告或者检举的权利，但是不得捏造或者歪曲事实进行诬告陷害。

对于公民的申诉、控告或者检举，有关国家机关必须查清事实，负责处理。任何人不得压制和打击报复。

知识集锦

批评、建议权和申诉、控告或检举的权利并不是一回事。批评权针对的是国家机关和国家工作人员工作中的缺点和错误；建议权是对国家机关和国家工作人员的工作提出意见、建议的权利。申诉权是指公民的合法权益，因行政机关或司法机关作出的错误的、违法的决定、判决或裁定，或者因国家工作人员的违法失职行为而受到侵害时，受害公民有向有关机关申诉理由，要求重新处理的权利。所谓控告或检举，是指公民对于任何国家机关和国家工作人员的违法失职行为，有向有关国家机关提出控告或检举，并请求国家给予惩罚或制裁的权利。控告是依法为保护自己的合法权益而提出主张；检举是指针对国家机关或国家工作人员的违法失职行为而行使的一种监督性质的权利。

条文解析

《宪法》第 41 条第 1 款和第 2 款规定了我国公民享有批评、建议、申诉、控告、检举的权利。“民之所忧，我之所思；民之所思，我之所行”，群众之所以用这么大的精力来上网提问题、提建议，是要政府解决问题的。

我的感想

______

______

______

11. 有损害即有赔偿

场景再现

张某、张某平系叔侄关系。2003 年 5 月 18 日，张氏叔侄二人搭载王某去杭州，没想到这一好心之举却使自己惹祸上身。几天后，王某的尸体被人发现，张氏叔侄作为奸杀案的犯罪嫌疑人被警方抓获。2004 年 10 月 19 日，浙江省高级人民法院终审判处张某死缓、张某平有期徒刑 15 年。在监狱里，张氏叔侄不认罪、不服管、坚持写申诉书，他们的冤屈引起了各方关注。张某平对来监狱采访的媒体记者说："你信不信没有关系，但是我始终相信，总有一天法律会还我清白。"经过新疆、浙江两地司法机关的调查取证和不懈努力，2013 年 3 月 26 日，浙江省高级人民法院撤销原审判决，宣告张某平、张某无罪。

近 10 年的牢狱之灾，让张氏叔侄的人生轨迹彻底发生改变。有损害必有赔偿，无论是国家机关，还是国家工作人员对他人造成损害，都要承担赔偿责任。2013 年 5 月 2 日，张某、张某平分别以再审改判无罪为由向浙江省高级人民法院申请国家赔偿。浙江省高级人民法院听取了张某、张某平的意见，依法进行审查后认为，张某、张某平自 2003 年 5 月 23 日被刑事拘留，至 2013 年 3 月 26 日经再审改判无罪释放，共被限制人身自由 3596 日。最终，张氏叔侄冤案获赔，两人共获得国家赔偿金约 221 万元。

宪法条文

第四十一条第三款　由于国家机关和国家工作人员侵犯公民权利而受到损失的人，有依照法律规定取得赔偿的权利。

知识集锦

宪法并没有对赔偿数额作出具体规定，那 221 万元是怎么计算出来的呢？根据《国家赔偿法》第 33 条“侵犯公民人身自由的，每日赔偿金按照国家上年度职工日平均工资计算”之规定，决定分别支付张某、张某平侵犯人身自由权赔偿金 65 万余元。同时，根据《国家赔偿法》第 35 条的规定，综合考虑张某、张某平被错误定罪量刑、刑罚执行和工作生活受到的影响等具体情况，决定分别支付精神损害抚慰金 45 万元。

条文解析

宪法作为国家的根本大法，对国家赔偿制度的发展作出了有力的支撑。我国《国家赔偿法》就是为保障公民、法人和其他组织享有依法取得国家赔偿的权利，促进国家机关依法行使职权而制定，《国家赔偿法》第 2 条第 1 款明确规定，国家机关和国家机关工作人员行使职权，有本法规定的侵犯公民、法人和其他组织合法权益的情形，造成损害的，受害人有依照本法取得国家赔偿的权利。

我的感想

____

____

____

12. 工伤岂能概不负责

场景再现

2005 年的一天，王某应招到某建筑公司打工，并与公司签订了劳动合同。合同规定，如果工人在工作期间“出现人身伤亡，建筑公司概不负责”，公司每月支付 150 元补贴，由工人自己解决劳动防护用品。工作不到一个月王某不小心从 5 米多高的脚手架上摔了下来，经送医院抢救总算保住了命，但已构成四级伤残。王某的家人找到建筑公司，要求建筑公司承担医疗费、误工费、伤残赔偿金等经济损失，但建筑公司不同意，并认为王某与公司签订的合同已明确规定，如果工人在工作期间出现人身伤亡，公司概不负责，同时公司已考虑到高空作业的危险性，每月已支付150元的危险补贴给工人，由工人自己解决劳动防护用品。那么，“出现人身伤亡，建筑公司概不负责”的约定有效吗？答案十分明确，最高人民法院曾作出批复指出：“工伤概不负责”条款无效。

宪法条文

第四十二条　中华人民共和国公民有劳动的权利和义务。

国家通过各种途径，创造劳动就业条件，加强劳动保护，改善劳动条件，并在发展生产的基础上，提高劳动报酬和福利待遇。

劳动是一切有劳动能力的公民的光荣职责。国有企业和城乡集体经济组织的劳动者都应当以国家主人翁的态度对待自己的劳动。国家提倡社会主义劳动竞赛，奖励劳动模范和先进工作者。国家提倡公民从事义务劳动。

国家对就业前的公民进行必要的劳动就业训练。

知识集锦

如何认定工伤？在司法实践中是一个较为复杂的问题。一般情况下，员工在工作时间和工作场所内，因工作原因受到事故伤害，应当被认定为工伤，这是毫无疑问的。根据我国《工伤保险条例》第14条的规定，职工有下列情形之一的，应当认定为工伤：（1）在工作时间和工作场所内，因工作原因受到事故伤害的；（2）工作时间前后在工作场所内，从事与工作有关的预备性或者收尾性工作受到事故伤害的；（3）在工作时间和工作场所内，因履行工作职责受到暴力等意外伤害的；（4）患职业病的；（5）因工外出期间，由于工作原因受到伤害或者发生事故下落不明的；（6）在上下班途中，受到非本人主要责任的交通事故或者城市轨道交通、客运轮渡、火车事故伤害的；（7）法律、行政法规规定应当认定为工伤的其他情形。

《工伤保险条例》第 15 条规定，职工有下列情形之一的，视同工伤：（1）在工作时间和工作岗位，突发疾病死亡或者在 48 小时之内经抢救无效死亡的；（2）在抢险救灾等维护国家利益、公共利益活动中受到伤害的；（3）职工原在军队服役，因战、因公负伤致残，已取得革命伤残军人证，到用人单位后旧伤复发的。职工有前款第（1）项、第（2）项情形的，按照本条例的有关规定享受工伤保险待遇；职工有前款第（3）项情形的，按照本条例的有关规定享受除一次性伤残补助金以外的工伤保险待遇。

条文解析

劳动权是指一切有劳动能力的公民，有获得工作和取得劳动报酬的权利。它是公民赖以生存的基础，是行使其他权利的物质前提。劳动权的具体内容包括劳动就业权和取得报酬权。我国《宪法》第 42 条不仅规定公民有劳动的权利和义务，而且还规定国家通过各种途径创造劳动就业条件、加强劳动保护、改善劳动条件。这就要求国家应通过立法和行政的措施保证用人单位为劳动者提供能够保障其健康和安全的劳动场所和环境，并且一旦发生对劳动者健康或生命安全威胁的事件，不能免除用人单位的责任。

对劳动者的保护是劳动权的应有之义。“有权利必有救济，无救济则无权利”，当权利受到侵害时就需要法律救济，救济是权利的保障与恢复，法律若不为权利提供救济，则法律规定权利就没有意义。“工伤概不负责”条款的实质是用人单位逃避自己应对劳动者承担的劳动保护义务，推卸自己应承担的法律责任，属于违法行为。“工伤概不负责”条款无效正是基于此法理。

我的感想

13. 受教育权不可剥夺

场景再现

陈某秀和陈某萍都是 2004 年高考考生。陈某秀在高考“落榜”16 年后打算报考成人教育学校。她在信息填报时发现，“自己”居然在山东理工大学“就读”过，并顺利毕业。至此，她才恍然大悟，自己当年被别人冒名顶替上了大学。原来，2004 年陈某萍高考成绩为 303

分，没有达到专科一批录取分数线。陈某萍父亲和舅舅请托当时的县招生办主任，帮助陈某萍顶替他人上大学。陈某秀当年考了 546 分，高于专科一批录取分数线 27 分。他们便选择陈某秀作为冒名顶替的对象，通过冒领录取通知书、伪造档案、户籍造假等手段使陈某萍顺利入学、毕业和就业。这一事件曝光后，又有媒体报道该市另一起“冒名顶替上中专”事件。相关部门调查后，与两起案件相关的 46 名责任人受到了严肃处理。

2021 年 3 月 1 日，《刑法修正案（十一）》施行，“冒名顶替罪”首次入刑，明确规定：“盗用、冒用他人身份，顶替他人取得的高等学历教育入学资格、公务员录用资格、就业安置待遇的，处三年以下有期徒刑、拘役或者管制，并处罚金。组织、指使他人实施前款行为的，依照前款的规定从重处罚。”

宪法条文

第四十六条　中华人民共和国公民有受教育的权利和义务。

国家培养青年、少年、儿童在品德、智力、体质等方面全面发展。

知识集锦

受教育权，是我国宪法赋予公民的一项基本权利，也是公民享受其他文化教育的前提和基础。所谓受教育权，是指公民享有从国家接受文化教育的机会和获得受教育的物质帮助的权利。受教育权包括两个基本要素：一是公民均有上学接受教育的权利；二是国家提供教育设施，培养教师，为公民受教育创造必要机会和物质条件。如某一个人没有受教育的机会，无法上学，他就丧失了受教育权；如果缺乏教育的物质保障或法律保障，公民的受教育权也可能落空。

根据《教育法》第43条的规定，受教育者享有下列权利：（1）参加教育教学计划安排的各种活动，使用教学设施、设备、图书资料；（2）按照国家有关规定获得奖学金、贷学金、助学金；（3）在学业成绩和品行上获得公平评价，完成规定的学业后获得相应的学业证书、学位证书；（4）对学校给予的处分不服向有关部门提出申诉，对学校、教师侵犯其人身权、财产权等合法权益，提出申诉或者依法提起诉讼；（5）法律、法规规定的其他权利。

条文解析

“百年大计，教育为本。”只有一流的教育才能培养一流的人才，才能建设一流的国家。因此，从宪法层面保障公民的受教育权至关重要。受教育权不可剥夺！

我的感想

14. 男女平等是一项基本国策

场景再现

2006 年，呼和浩特市中级人民法院作出判决，支持了徐某某等 12 名原告的诉讼请求，确认了原告与赛罕区沙梁村委会签订的协议中违反男女平等法律规定的一项条款无效。村委会上诉后，内蒙古高级人民法院维持了一审判决。至此，徐某某等 12 名招婿上门的女村民为争取同等村民待遇的长期维权之路画上了句号。

事发的起因，是沙梁村委会在与村民签订第二轮土地承包合同时，把在第一轮土地承包期间获得了土地承包权，但婚后招婿上门的女村民排除在外，还取消了她们对村民集资住宅楼和商业楼的分配权，理由是她们为“出嫁女”。后在内蒙古信访局的协调下，徐某某等 12 人与沙梁村委会于 2002 年 6 月 7 日签订《沙梁村委会与出嫁闺女承包二轮土地及相关事宜的协议》。协议规定，在徐某某等 12 人能够证明其丈夫在原乡、村没有承包二轮土地的前提下，沙梁村委会分给包括徐某某等 12 人在内的出嫁闺女 35 人每人 1.7 亩承包土地，但该协议第 4 条第 1 项规定，徐某某等 12 人不参与 1999 年到 2002 年 6 月 7 日建设的集资住宅楼、商业楼的分配。针对这一规定，徐某某等 12 人以违背真实意思为由，请求法院确认协议第 4 条第 1 项无效，判令沙梁村委会依法给予每位原告与本村男性村民同等面积、同类地段的集资住宅楼和商业楼各一套，或相应的折价款。

原告的质疑是：男性村民结婚后在本村居住生活的，享有“两楼”分配权，为何女性村民结婚后仍在本村居住生活，却被剥夺“两楼”分配权？法院支持了原告的诉求，并在一审判决书中很好地回应了原告的质疑：“原告与已经取得‘两楼’的村民相比，如果身份及其他条件相等，则也应当取得‘两楼’。而本村出生的男性村民结婚后仍在本村居住生活的，享有分配‘两楼’的权利。原告除性别外，其他条件与男性相等，按照男女平等的基本国策、不得歧视妇女的法律原则和公平原则，也应当享有同等的权利，因此，原告的请求应予支持。”

宪法条文

第四十八条　中华人民共和国妇女在政治的、经济的、文化的、社会的和家庭的生活等各方面享有同男子平等的权利。

国家保护妇女的权利和利益，实行男女同工同酬，培养和选拔妇女干部。

知识集锦

在保障男女平等上，我国在 1992 年专门制定《妇女权益保障法》，保障妇女的合法权益，促进男女平等。《民法典》“婚姻家庭编”也规定了实行男女平等的婚姻制度。

男女平等作为一项基本国策，主要包含以下几个方面的内容：第一，要在承认和尊重性别差异的前提下追求男女平等。第二，要将保障妇女实现发展的权利放到突出位置。只有让妇女拥有了更充分的发展权利、机会和资源，才能实现真正意义上的男女平等。第三，要给予妇女必要的政策倾斜与保障，并充分考虑不同地区和阶层妇女的发展要求。第四，要重视妇女在整个经济社会发展中的地位和作用，重视挖掘妇女的人力资源作用，使她们的聪明才智和创造力在中国特色社会主义建设中最大限度地发挥出来。第五，要鼓励妇女在与男性的合作与协调发展中实现平等。第六，要从社会协调发展的高度来认识和解决妇女发展与男女平等问题。

条文解析

“法律面前人人平等”是为人们所熟知的基本原则，国家尊重和保障人权，除了宪法上对平等权的概括性规定外，还应当包括具体的平等权，如民族平等、男女平等。男女平等是平等权的一项重要内容，也是对公民权利极大的保障。

我的感想

15. 常回家看看

场景再现

2013 年，已 77 岁高龄的储阿婆一纸诉状将自己的女儿、女婿告上法庭。背后有什么难言之隐呢？在早些时候，储阿婆与一双儿女签订协议，写明其由女儿、女婿负责养老，但多年相处之后，储阿婆与女儿一家产生矛盾，之后更是赌气出走，搬到儿子家居住，至此，储阿婆与女儿一家算是“划清了界限”，女儿在储阿婆离家后未前去看望过。

因气不过被女儿如此对待，储阿婆一怒之下将女儿、女婿告上法庭。法官在协调未果的情况下，依法作出判决，判处女儿每两个月至少须至储阿婆居住处看望问候一次，端午节、重阳节、中秋节、国庆节、元旦这些节日，也应当至少安排两个节日期间内看望储阿婆。

“常回家看看”写入法律条文，法官也据此作出了判决。实施效果如何呢？据 2015 年储阿婆描述，“上次（女婿）来看我大概是一个多月前吧，送来了一箱水蜜桃，不甜的……”储阿婆的言语中透露着无奈，提到说，“女儿女婿来看望我的次数就是按法院判的来，而且来了也没几句话，更没多少好话”。回忆起 2013 年的那场官司，储阿婆表示，这个官司打得还是有用的：“原来他们都不理我的，现在能来看看我了，房租也都是准时给我的。”

宪法条文

第四十九条　婚姻、家庭、母亲和儿童受国家的保护。

夫妻双方有实行计划生育的义务。

父母有抚养教育未成年子女的义务，成年子女有赡养扶助父母的义务。

禁止破坏婚姻自由，禁止虐待老人、妇女和儿童。

知识集锦

2013 年 7 月 1 日，《老年人权益保障法》正式生效，“常回家看看”写入法律条文。具体为该法第 14 条第 1 款规定：“赡养人应当履行对老年人经济上供养、生活上照料和精神上慰藉的义务，照顾老年人的特殊需要。”该法第 18 条第 1 款、第 2 款规定：“家庭成员应当关心老年人的精神需求，不得忽视、冷落老年人。与老年人分开居住的家庭成员，应当经常看望或者问候老年人。”

条文解析

孝敬父母，历来是中华民族的传统美德。这不仅包括物质层面的支持，更应当包括精神情感上的关爱。每个人都有老去的一天，家人团聚、子女陪伴是晚年最幸福的时光。我国社会老龄化的现实，推动了探视父母义务的立法化、家庭义务宪法保障的具体化。法律应当与道德相契合，探视父母既是道德义务，也是法律义务。法律需要社会文化认同的支撑，不能只讲权利义务的平衡而忽视正确是非观的构建。因此，家庭伦理也是可以用宪法保障的。每个人都应当“常回家看看”。

我的感想

16. “你的权利止于我的鼻尖”

场景再现

2013 年 12 月 2 日，蔡某因怀疑徐某在服装店试衣服时偷了一件衣服，将徐某在该店的视频截图配上“穿花花绿绿衣服的是小偷，求人肉，经常带只博美小狗逛街，麻烦帮忙转发”的字幕后，上传到新浪微博上。人肉搜索的微博发出仅一个多小时，随之展开的人肉搜索就将徐某的个人信息，包括姓名、所在学校、家庭住址和个人照片全部曝光，并且这些信息也被服装店店主蔡某用微博发出。一时间，在网络上对徐某的各种批评甚至辱骂开始蔓延，也引起了徐某同校同学和社会上很多人对她的非议。两日后，徐某跳河自杀。同日，徐某的父亲向公安机关报案，称其女儿徐某因被他人在微博上诽谤是小偷，造成恶劣影响而自杀。派出所民警到服装店对蔡某进行盘问，并将其抓获归案。案发后，蔡某的父母与徐某的父母达成和解协议：蔡某一次性赔偿徐某父母 12 万元。

一审法院认为，被告人蔡某因怀疑徐某在其经营的服装店试衣服时偷了一件衣服，竟在该店的视频截图中配上"穿花花绿绿衣服的是小偷"等字幕后，上传到新浪微博上，公然对他人进行侮辱，致徐某因不堪受辱跳河自杀，情节严重，其行为已构成侮辱罪，应依法惩处。鉴于案发后被告人亲属与被害人亲属达成调解协议，被告人亲属对被害人的亲属赔偿了经济损失，取得被害人家属的谅解，被告人当庭认罪，确有悔罪表现，法院依法给予从轻处罚，以侮辱罪判处被告人蔡某有期徒刑一年。蔡某不服提起上诉，二审法院维持原判。

宪法条文

第五十一条　中华人民共和国公民在行使自由和权利的时候，不得损害国家的、社会的、集体的利益和其他公民的合法的自由和权利。

知识集锦

任何公民的权利和自由只意味着公民可以做法律许可做的事情。权利必须依据法律的规定才能实现，同样，权利也只有依据法律行使，才受到国家的保护。超越法律的规定去行使权利和自由，就必然要破坏法律秩序，损害国家的、集体的利益和其他公民的合法权益。因此，《宪法》第 51 条规定，公民在行使权利和自由的时候，不得损害国家的、社会的、集体的利益和其他公民的合法的自由和权利。任何损害国家的、社会的、集体的利益以及其他公民的合法的自由和权利的行为，造成一定的危害后果，就要承担相应的法律责任。

条文解析

权利容易被滥用，因此，需要对权利的行使设定边界。无论何种权利，其行使的前提都是不影响他人的正常生活，超越了这个边界，权利便不再为权利，行为也就不再受到保护。蔡某经营的服装店被盗，他本可以通过报警等法律途径维护自己的正当权益。但是他却采取了“人肉搜索”这种侵犯他人隐私权的方式，使被害人无端遭受网络暴力和人格侮辱，最终酿成悲剧。我们行使权利的同时，应当尊重他人的权利。

我的感想

17. 国家必须统一，民族必须团结

场景再现

1982 年 9 月 24 日上午，邓小平与英国首相玛格丽特·撒切尔夫人在人民大会堂福建厅就收回香港问题进行会谈。

撒切尔夫人在欧洲政坛上因政治手腕强硬素有“铁娘子”之称，她坚持《南京条约》《北京条约》《展拓香港界址专条》仍然有效，并且认为根据这 3 个条约，香港是属于英国的。她说，英国在过去 150 年里学会了如何管理香港并取得了不错的成效，只有在作出保证香港繁荣稳定的安排后，才能谈到主权问题。

香港的前途紧紧关系着祖国的统一和中华民族的尊严，中国人民一直反对有关香港的 3 个不平等条约。

邓小平斩钉截铁地说：“关于主权问题，中国在这个问题上没有回旋余地。坦率地讲，主权问题不是一个可以讨论的问题。现在时机已经成熟了，应该明确肯定：1997 年中国将收回香港。就是说，中国要收回的不仅是新界，而且包括香港岛、九龙。”他强调，中英双方应在这个前提下谈判，商讨解决香港问题的方法。他告诉撒切尔夫人，收回香港是中国人民乃至世界人民的意愿，从大的方面讲对英国也是有利的，因为英国届时将彻底地结束殖民统治时代，从而在世界公论面前得到好评。关于保持香港的繁荣，邓小平说，“我们希望取得英国的合作，但这不是说，香港继续保持繁荣必须在英国的管辖之下才能实现”。

经过中英双方历时两年的艰难谈判，1984 年 12 月 19 日中英两国政府首脑在北京正式签署了《中华人民共和国政府和大不列颠及北爱尔兰联合王国政府关于香港问题的联合声明》。

1992 年 1 月 19 日，邓小平站在深圳皇岗口岸的过境桥边深情地眺望香港，久久不愿离去：“我要活到 1997 年，在中国恢复对香港行使主权时去看一看，哪怕是坐着轮椅也要到这块土地上去走一走。”1997 年 2 月 19 日，距离对香港恢复行使主权仅差几个月，邓小平溘然长逝。1997 年 7 月 1 日，零时整，五星红旗和五星花蕊的紫荆花红旗飘扬在香港上空，香港终于回到了祖国母亲的怀抱。这天，邓小平的夫人卓琳来到香港，出席了中英两国政府关于香港政权的交接仪式，完成了邓小平的遗愿。

宪法条文

第五十二条　中华人民共和国公民有维护国家统一和全国各民族团结的义务。

知识集锦

一、维护国家统一

维护国家统一是公民的一项基本义务。国家的统一包括以下几个方面的内容：（1）国家领土的统一。国家的领陆、领水、领空是完整的统一体，属于中华人民共和国所有。中华人民共和国享有完整的所有权和管辖权，任何人不得破坏和分裂。（2）国家政权的统一。中华人民共和国中央人民政府是中国唯一合法的统辖全国的政府，任何人不得分裂国家政权，破坏国家政权的统一。（3）国家主权的统一。中华人民共和国享有独立自主地处理本国对内对外事务，不受外国或者其他势力干预的权力。任何人不得以任何方式破坏国家主权的统一，使国家主权从属于外国支配。

二、维护民族团结

各民族平等团结互助和谐是各民族共同发展和繁荣的基本条件。各民族之间应当提倡互爱、互谅、互助。维护民族团结是指公民有责任维护民族之间的平等团结互助和谐的关系。任何人不得以任何形式制造民族纠纷，破坏民族团结。

条文解析

维护国家统一和民族团结是每个公民的义务。我国是统一的多民族国家，国家统一、民族团结，是国家顺利进行社会主义现代化建设的根本保证，也是实现公民的政治权利和其他权利的重要保证。因此，每个中国公民，都应该把自己的命运与国家的盛衰、民族的兴亡紧密联系在一起，自觉履行维护国家统一和民族团结的义务。

相关链接

冼夫人是南北朝到隋朝时期岭南俚人的领袖。岭南是指南岭到大海的那一大片土地。冼夫人嫁给太守冯宝，成为在岭南很有影响的人物。她顾全大局，忠于国家的统一。南朝的梁、陈两代，岭南的一些地方官都发动过叛乱，不听朝廷命令，想把岭南变成独立王国。但是，他们的行为遭到冯家和冼夫人的坚决反对。每次叛乱发生，冼夫人都亲自率军平叛，配合朝廷重新安定岭南。她立了大功，被封为女将军。

隋朝灭陈之后，南北分裂局面结束了。因为岭南离中央太远，岭南人一时不明真相，仍然忠于陈朝，不让隋军进入岭南。隋朝送信向冼夫人说明了情况。冼夫人十分高兴，立刻派孙子冯魂去迎接隋军开进岭南，隋朝名副其实地统一了全国。

不久，岭南又发生叛乱，冼夫人当机立断，派孙子冯盈杀了叛军首领。她又不顾高龄，陪同隋朝大臣走遍各地，召见参加叛乱的首领，让他们服从朝廷，不要分裂国家。到了晚年，冼夫人经常教育后代要维护统一，不可分疆裂土，不做对不起百姓和祖宗的事。冼夫人一生经历三朝，始终维护国家统一和岭南的安定。直到今天，广东、广西、海南人民还在纪念她。

我的感想

____

____

____

18. 做一个依法纳税的好公民

场景再现

这天，“聋大爷”在儿子的搀扶下，来到税务局办税大厅如实申报了自己每月的营业额，还补缴了以前少缴的应纳税款。

“聋大爷”名叫胡克祥，已 73 岁，他年轻时跟父亲学会做烧饼的好手艺，因耳朵受过伤渐渐聋了，村里的人都叫他“聋大爷”。

1987 年“聋大爷”开始卖烧饼，每月按税务部门核定的纳税定额缴税。近年来由于老汉的生意越做越红火，每月的收入明显增加，可是上缴的税金还是原来的老定额。老汉心里一直纳闷，老担心违反税法受罚，儿子却说：“缴税多少是税务局的事，人家核定多少咱就缴多少，咱总不能去请人家加税吧？”

“不！一是一、二是二，咱有多少收入就得报多少，咱可不能干那昧着良心只顾个人发财不顾国家的事呀！在旧社会，我们一家吃不饱穿不暖，谁管你？改革开放前，不能做生意，生活也不宽裕。如今咱们能有这样的好生活，不能好了伤疤忘了疼！咱们以前少缴的税该补的就补缴，才对得起自己的良心。”面对父亲的教导，儿子终于在父亲的督促下，一同到办税大厅，如实申报了真实的营业额，并补缴了税款。

宪法条文

第五十六条　中华人民共和国公民有依照法律纳税的义务。

知识集锦

我国实行税收法定原则，《立法法》第8条第6项规定，“税种的设立、税率的确定和税收征收管理等税收基本制度”只能制定法律。目前，我国按照税种性质大致可分为3大类18个税种：第一类是货物和劳务税，包括增值税、消费税、营业税、车辆购置税和关税；第二类是所得税，包括企业所得税和个人所得税；第三类是财产税和行为税，包括土地增值税、房产税、城镇土地使用税、耕地使用税、契税、资源税、车船税、印花税、城市维护建设税、烟叶税、船舶吨税。

条文解析

在现代社会，纳税是公民应该履行的一项基本义务。纳税义务的履行，是纳税者享有权利的基础和条件。纳税者有权享受政府提供的各种公共和服务设施，如医疗、教育、社会安全、法律保障、交通等，并有权要求政府积极改善这些条件并提供优质服务。

相关链接

朱熹是我国南宋著名的哲学家、教育家和文学家，他一生主要从事学术和教育活动。《朱子训子帖》是由朱熹数封教育长子的家书合编而成；起因是朱熹让其长子赴婺州求学，交代途中和到达之后的诸多事情。在《朱子训子帖》中，朱熹曾写道：“国课早完，虽囊空虚，独庆有余。”朱熹教育子女：必须按照国家规定的税法，足额及时地将所纳税款缴入国库，不应拖欠国家税款一分一厘；即使是因此造成自己经济拮据，自己却感到心安理得，内心由衷地感到欣慰，因为自己尽了一个纳税人所尽的义务了。朱熹训子有道，多合情理，很值得后人学习。

我的感想

______

______

______

延伸阅读

1. 遭遇家暴，青少年须维护自身权益

场景再现

某一天，小强被父亲赶了出来。原来，小强期末考试成绩不理想，语文、数学、英语都是60多分。“望子成龙”的小强爸爸当即大怒，重重地甩了小强一巴掌，还不许小强吃饭。邻居劝说，要跟孩子慢慢地讲道理。小强爸爸有些惭愧，意识到自己的教育方法不当，但是他也想知道，家庭暴力有没有程度要求，难道打孩子一顿就是家庭暴力？

无独有偶，一个12岁的小男孩来到派出所。他充满惊恐地对警察叔叔说：“爸爸追着打我，不要把我交出去，帮我找妈妈。”几分钟后，孩子父亲一到派出所就狠狠责骂儿子，并拳脚相加。面对不让带走孩子的民警，父亲更是口出狂言：“打我自己的孩子，是我的权利，关你们什么事？”“我生他养他，打他也是应该的，除非我把他打死了，不然你们没有权力管我！”

宪法条文

第四十九条　婚姻、家庭、母亲和儿童受国家的保护。

夫妻双方有实行计划生育的义务。

父母有抚养教育未成年子女的义务，成年子女有赡养扶助父母的义务。

禁止破坏婚姻自由，禁止虐待老人、妇女和儿童。

知识集锦

我们通常所说的家庭暴力，是发生在家庭成员之间以殴打、捆绑、禁闭、残害或者其他暴力手段，对家庭成员从身体、精神方面进行伤害和摧残的行为。在一般情况下，经常性地对家庭成员的身心造成伤害的不法行为即构成家庭暴力。偶尔打骂，如果造成严重后果的，也构成家庭暴力。另外，如果实施家庭暴力构成犯罪，还会被追究刑事责任。2021年10月23日公布的《家庭教育促进法》第53条规定："未成年人的父母或者其他监护人在家庭教育过程中对未成年人实施家庭暴力的，依照《中华人民共和国未成年人保护法》、《中华人民共和国反家庭暴力法》等法律的规定追究法律责任。"2016年3月1日，《反家庭暴力法》生效，这部法律旨在预防和制止家庭暴力，保护家庭成员的合法权益，维护平等、和睦、文明的家庭关系，促进家庭和谐、社会稳定。它的重要意义得到了专家、民众的认可。实施家庭暴力行为，情节严重或造成严重后果，构成犯罪的，应依法追究刑事责任。

小强爸爸为了孩子的前途而打骂孩子，虽然其出发点是好的，但是暴力的方式是不当的。目前只是偶发性地打骂儿子，是否构成家庭暴力，还需看今后表现。在童年阶段遭遇家暴的孩子，除了身体上的伤害，还可能留下心灵上的创伤。

条文解析

《宪法》第 49 条除规定婚姻、家庭受国家保护外，还规定了母亲、儿童受国家的保护。同时，第 4 款又规定，禁止虐待老人、妇女和儿童。应当讲，母亲、儿童、老人都属于家庭成员。妇女与母亲在概念上多有重合，但妇女是性别意义上的，比如家庭成员中的女儿或者没有生育子女的妻子；而母亲则是生育意义上的，主要是针对子女而言的。

相关链接

《反家庭暴力法》生效后，我们青少年可以运用法律的武器来保护自己。在遭遇家庭暴力之后，可以向老师、学校、居民委员会或村民委员会、妇女联合会、派出所等单位进行投诉，以上单位必须给予帮助、处理。青少年如果想得到法律的保护，还应当选择报警。因为根据《反家庭暴力法》第 20 条的规定，公安机关出警记录、告诫书、伤情鉴定意见等证据，可以证明家庭暴力的事实。

2.《世界人权宣言》与张彭春

场景再现

2018 年是联合国大会通过《世界人权宣言》的第 70 个年头。1948 年 12 月 10 日，联合国大会以 48 票赞成、0 票反对和 8 票弃权通过了《世界人权宣言》。在第二次世界大战之后，人们开始反思，并进一步发现在战争中几近泯灭的人的尊严，而《世界人权宣言》正是人权史上的一座丰碑，同时也是第二次世界大战之后满目疮痍的世界里的一抹暖色。在这一重要文件的起草过程中，有一个黄皮肤、黑眼睛的中国人将中国传统文化中仁爱、礼仪等精神灌注其中，赢得了每一位代表的尊敬。他就是著名的活动家——张彭春。

知识集锦

早在联合国着手起草《世界人权宣言》之前，张彭春就敏锐地注意到，当时世界上已有近 40 部宪法拥有人权法案，要在不同国家之间达成一份让各方满意的协议，必须要有人从中化解争端，折中调和。而张彭春本人，恰恰扮演了这个角色。

不出张彭春所料，起草工作刚开始，各国代表就在宣言是否具有法律约束力的问题上陷入了争论。英国、印度等国的代表坚持主张要赋予宣言国际法约束力，以保障国家强权下人的权利；有的国家则担心具有国际法约束力的宣言会成为日后某些国家干涉本国内政的借口，为未来的国际政治关系埋下一颗不定时的炸弹。面对争论，张彭春提出了“先宣言、后公约”的折中建议：成员国可以先行签署宣言，在本国认为时机成熟时再加入具有国际法约束力的公约，并贯彻宣言的精神。张彭春提出的解决方法，既保护了人权宣言的完整性，也尊重了成员国的国家主权，得到了各国代表的认可。

在宣言具体条文的撰写过程中，张彭春也发挥了重要作用。例如，在第 1 条的讨论中，张彭春指出原稿用词基督教意味太浓，容易引起不同宗教间不必要的矛盾。因此，张彭春建议“宣言应该既反映出托马斯·阿奎那（中世纪意大利神学家）的思想，也反映出孔子的思想”。同时，张彭春建议将儒家的“仁者爱人”思想融入宣言之中。他把儒家的“己所不欲，勿施于人”浓缩为“conscience”（良心）一词，受到了大会的认可，从而写入《世界人权宣言》第 1 条：“人人生而自由，在尊严和权利上一律平等。他们赋有理性和良心，并应以兄弟关系的精神相对待。”种种例子，不胜枚举。

在《世界人权宣言》颁布的 70 年间，它的作用已经远远超越了其本身作为“宣言”的建议、提倡作用。正是在宣言的激励下，诞生了许多地区性的人权条约和人权组织，很多国家的宪法也深受宣言的影响，我国《宪法》第 33 条“国家尊重和保障人权”条款也不例外。

相关链接

张彭春，天津人，1892 年出生于一个富裕之家。张彭春年幼即到美国留学，获得了学士和硕士学位。学成归国之后，他一边任教，一边宣传抗战，并参与外交事务，先后出使土耳其、智利等国。1946年1月，张彭春远赴伦敦，担任联合国创办会议的中国代表，会后担任中国驻联合国经济社会理事会代表并兼联合国人权委员会副主席，直接参与《世界人权宣言》的起草。

小小活动

同学们可以在课余时间上网搜索《世界人权宣言》，了解它的内容。

我的感想

____

____

____

3. 生命权是最宝贵的权利

场景再现

2020年年初，突如其来的新冠肺炎疫情暴发，关键时刻，党和国家坚持人民至上、生命至上，疫情防控的人民战争、总体战、阻击战在全国范围迅速打响。我们全力以赴救治患者，不遗漏一个感染者，不放弃每一位病患者，费用全部由国家承担。我们举全国之力实施规模空前的生命大救援，最优秀的人员、最急需的资源、最先进的设备千里驰援湖北。广大白衣天使逆行出征，用医者之仁心、无疆之大爱挽救了一个又一个垂危的生命，给身处疫情恐惧下的人们带来了光明与希望。在党中央的坚强领导和全国人民的共同努力下，我国在世界范围内率先控制住了疫情。

在艰苦的抗疫斗争中，我们努力使人的生命、人的价值、人的尊严得到悉心呵护，铸就了生命至上、举国同心、舍生忘死、尊重科学、命运与共的伟大抗疫精神。“生命至上”位居首位，它集中体现了中国人民深厚的仁爱传统和中国共产党以人民为中心的价值追求。

知识集锦

生命是人类之间最公平的享有，人的平等与自由正是来自生命本身的平等。生命同时也是每一个人最为宝贵的财富，有了生命，才有追求幸福的基础。因此，生命权是一个人最重要、最根本的权利。

《宪法》虽然没有明文规定生命权，但生命权具有毫无疑问的神圣性，是宪法价值的基础和核心，集中体现了人的价值和尊严，是最基本的人权。我国《宪法》确立了“国家尊重和保障人权”的重要原则，当公民的生命权受到侵害时，国家有保护的义务。新冠肺炎疫情期间，党中央提出“应收尽收、应治尽治”，就是对公民生命价值的尊重，是对生命权、健康权的保障。

我的感想

三、细说国家方针政策与国家机构

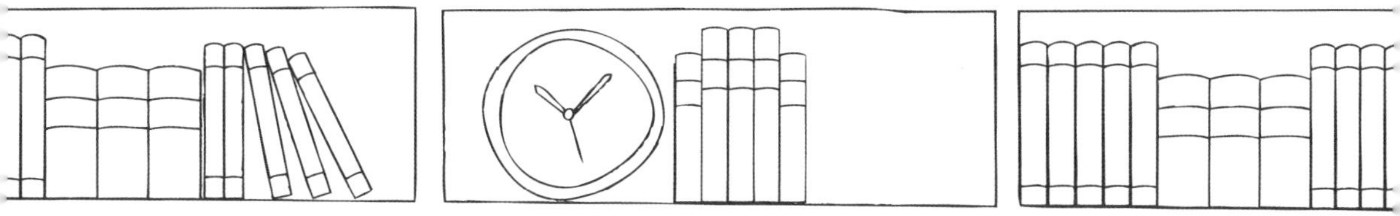

1. 我们是共产主义的接班人

场景再现

中国少年先锋队的前身是 1949 年 10 月 13 日成立的中国少年儿童队。但是，少年儿童的革命组织在中国大地上出现，可以回溯到 20 世纪初的劳动童子团，距今已有 90 多年的历史了：从北伐战争时期的劳动童子团到土地革命战争时期的共产主义儿童团，到抗日战争时期的抗日儿童团，再到解放战争时期的少年先锋队。1949 年中华人民共和国成立后，建立了全国统一的组织——中国少年儿童队，后改名中国少年先锋队。从我国半殖民地半封建时期开始，少年儿童的革命组织就活跃在中国大地上，我们应该为胸前佩戴的红领巾感到自豪。

宪法条文

第一条　中华人民共和国是工人阶级领导的、以工农联盟为基础的人民民主专政的社会主义国家。

社会主义制度是中华人民共和国的根本制度。中国共产党领导是中国特色社会主义最本质的特征。禁止任何组织或者个人破坏社会主义制度。

知识集锦

同学们已经加入了中国少年先锋队吧？还记得中国少年先锋队队歌的歌词吗？是的，我们这样唱道："我们是共产主义接班人，继承革命先辈的光荣传统，爱祖国，爱人民，鲜艳的红领巾飘扬在前胸……"佩戴着红领巾的你们朝气蓬勃，你们是祖国的未来。

大家可能有疑问：《宪法》第1条明明写的是"社会主义国家"，那为什么要唱"我们是共产主义接班人"呢？共产主义和社会主义是一样的意思吗？实际上，共产主义和社会主义是不同的。准确地说，共产主义是一种更高的理想，主张消灭私有产权，并建立一个各尽所能、按需分配的生产资料公有制，并且没有阶级制度、国家和政府的社会。这有点像孔子所说的"大道之行也，天下为公"的社会，男女老少、鳏寡孤独各得其所。但是，社会的发展是不可能一下子就进入共产主义阶段的，任何事物都需要一个积累、发展的过程。"九层之台，起于累土"，要使中国成为共产主义国家，我们就需要先让中国成为社会主义国家。所以说，社会主义是介于资本主义和共产主义之间的过渡，1956年我国完成"三大改造"，标志着社会主义制度的正式确立，我国已由新民主主义国家进入社会主义国家，所以作为根本法的宪法将这一胜利成果确定下来，社会主义制度就是目前阶段我们国家的根本制度。

中国共产党在领导中国人民进行社会主义建设的过程中提出了"两个一百年"奋斗目标。第一个一百年的奋斗目标，是到中国共产党成立100年时全面建成小康社会；第二个一百年的奋斗目标，是到新中国成立100年时建成富强民主文明和谐美丽的社会主义现代化强国。

条文解析

在现阶段，我国仍然是社会主义国家，并且是具有中国特色的社会主义国家，共产主义是最高理想，发展社会主义是为了实现共产主义，这两个目标是并行不悖的。所以，作为共产主义接班人的我们首先应当发展社会主义、建设社会主义。

相关链接

《宪法》（1954 年）

第一条　中华人民共和国是工人阶级领导的、以工农联盟为基础的人民民主国家。

《宪法》（1975 年）

第一条　中华人民共和国是工人阶级领导的以工农联盟为基础的无产阶级专政的社会主义国家。

《宪法》（1978 年）

第一条　中华人民共和国是工人阶级领导的以工农联盟为基础的无产阶级专政的社会主义国家。

《宪法》（1982 年，2018 年修正）

第一条　中华人民共和国是工人阶级领导的、以工农联盟为基础的人民民主专政的社会主义国家。

社会主义制度是中华人民共和国的根本制度。中国共产党领导是中国特色社会主义最本质的特征。禁止任何组织或者个人破坏社会主义制度。

1954 年《宪法》规定我国为“人民民主国家”，而在 1975 年《宪法》、1978 年《宪法》和现行《宪法》中都规定我国是“社会主义国家”。

现行《宪法》(2018 年修正) 第 1 条新增了第 2 款，规定“社会主义制度是中华人民共和国的根本制度。中国共产党领导是中国特色社会主义最本质的特征。禁止任何组织或者个人破坏社会主义制度”。新增的第 2 款更加明确了社会主义制度的根本性和不可动摇性。

小小活动

同学们可以登录中国少年先锋队官方网站，对少年先锋队的历史进行了解。同学们可以根据了解到的内容制作小报，在队会日进行小报的展示。

我的感想

____

____

____

2. 我们的国家，我们说了算

场景再现

小翔的爸爸是B市人大代表，最近小翔发现爸爸特别忙碌。小翔忍不住问道："爸，你最近在忙些什么呢？"小翔爸爸说道："要开人代会了，我得准备开会时的材料。"

"人代会"这个词引起了小翔的兴趣，他知道爸爸是人大代表，但一直不知道这"人大代表"是做什么的，于是这次他打算打破砂锅问到底，"人大代表是做什么的呢？"

小翔爸爸笑道，"我们的工作啊，就是传达老百姓的想法、建议，人民代表代表人民啊！我们通过召开人民代表大会，在开会时看政府等机构做得好不好，有没有为人民办事；同时，老百姓要有什么批评建议，我们也在开会时一并解决呢"。

小翔似懂非懂地点点头，"原来我们老百姓的想法那么重要啊"。

"那是当然的，中国是中国老百姓的中国啊！"

宪法条文

第二条　中华人民共和国的一切权力属于人民。

人民行使国家权力的机关是全国人民代表大会和地方各级人民代表大会。

人民依照法律规定，通过各种途径和形式，管理国家事务，管理经济和文化事业，管理社会事务。

知识集锦

主权，通常是指一个国家对内的最高统治权和对外的独立权。人民主权，也被称为主权在民，其核心思想是，国家主权来源于人民或者国家主权属于人民。

马克思主义认为，人民群众是历史的创造者，国家主权是人民作为统治阶级专有的权力，不是“社会契约”带来的，而是人民争取国家政权斗争的结果。同时，真正的人民主权只有在广大人民群众掌握了国家政权和生产资料，消灭了人剥削人的制度时才能真正实现。

近代以来，中国人民越发意识到民权可贵，兴民权是近代以来几乎所有革命所追求的根本目的。民主与共和，是近代中国历史绕不开的两个关键词。直到新中国建立，中国人民才掌握了国家的权力。在我们国家，主权在民意味着人民才是国家的主人，意味着人民可以参与国家各项事务的管理，为社会主义事业的建设献言献策，添砖加瓦。

条文解析

在我国，人民是国家的主人。人民依照法律规定，通过各种途径和形式参与国家各项事务的管理。其中，由人民选举出代表组成国家权力机关，再由人大代表们具体参与各项管理事务是最重要的途径和形式之一。人大代表们在平时和人民群众保持密切联系，听取他们的意见和要求，在人民代表大会开会时提出反映民声的议案和建议、批评、意见。2021 年召开的第十三届全国人民代表大会第四次会议共收到代表议案 473 件，建议、批评和意见约 9000 件。议案中绝大多数为法律案，涉及的立法领域主要包括加强民生保障和社会治理、健全国家现代化经济体系、生态环保和绿色发展、完善国家机构组织和职能、公共卫生、国家安全等。各项建议则主要集中在巩固拓展脱贫攻坚成果和全面推进乡村振兴、推进数字社会建设和营造良好数字生态、加强青少年心理健康教育和建设高质量教育体系等方面。大会依据议事规则对这些议案进行审议或进一步处理，各有关机关也会对建议、批评和意见进行研究办理并及时回复。

我的感想

3. 民族平等是我国的民族政策

场景再现

每年召开全国人民代表大会时，少数民族的人大代表们都会穿上各式各样、光彩夺目的民族服装，成为人民大会堂中的一抹靓色。第七次全国人口普查数据显示，在我们这个14亿多人口的大家庭中，少数民族兄弟姐妹占8.89%；而在第十三届全国人民代表大会2980名代表中，少数民族代表有438名，占代表总数的14.70%。全国55个少数民族都有本民族的代表，一些人口极少的民族如塔塔尔族、珞巴族、高山族、赫哲族、独龙族、鄂伦春族等，人口不过万人，仍然有1名本民族的全国人大代表。各民族代表们相聚在首都北京，反映百姓呼声，共商国是，认真履行作为人大代表的光荣权利与神圣义务。

宪法条文

第四条第一款　中华人民共和国各民族一律平等。国家保障各少数民族的合法的权利和利益，维护和发展各民族的平等团结互助和谐关系。禁止对任何民族的歧视和压迫，禁止破坏民族团结和制造民族分裂的行为。

知识集锦

基于我国是多民族国家的现实，我国在解决民族问题时实行民族平等和民族团结的政策。民族平等是指各民族无论人口多少、经济社会发展程度高低、风俗习惯和宗教信仰异同，都是中华民族大家庭的平等一员，具有同等的地位，在国家社会生活的各个方面，依法享有相同的权利，履行相同的义务，反对一切形式的民族压迫和民族歧视。民族平等是民族团结、民族共同繁荣的前提和基础，没有民族平等，就不会实现民族团结；民族团结则是民族平等的必然结果；各民族共同繁荣，是解决民族问题的根本出发点和归宿，是促进各民族真正平等的保障。

条文解析

《宪法》第 4 条确认了我国的民族政策，维护和发展各民族平等团结互助和谐关系，明确规定禁止对任何民族的歧视和压迫，禁止破坏民族团结和制造民族分裂的行为。这样的规定有利于促进民族间关系的和谐发展。

我的感想

______

______

______

4. 国家帮助少数民族地区加速发展

场景再现

暑假里，小希跟着父母去西藏旅游。一路上，小希看着火车窗外的景色，感慨不已。通过列车员的讲解，小希才知道这条青藏铁路的建成是多么不易。

这条线路的西宁至格尔木段共 814 公里，早在 1984 年便已经投入运营。而青藏铁路的格拉段东起青海格尔木，西至西藏拉萨，途经纳赤台、五道梁、沱沱河、雁石坪，翻越唐古拉山，再经西藏安多、那曲、当雄、羊八井到拉萨。其中海拔 4000 米以上的路段 960 公里，多年冻土地段 550 公里，翻越唐古拉山的铁路最高点海拔 5072 米，是世界上海拔最高、在冻土上路程最长、克服了世界级困难的高原铁路。2006 年 7 月 1 日，格拉段正式通车运营，这便是被誉为“天路”的路段。

青藏铁路的贯通，有利于改变青藏高原贫困落后的面貌，对增进各民族团结进步和促进共同发展、共同繁荣具有极为深远的影响。

宪法条文

第四条第二款　国家根据各少数民族的特点和需要，帮助各少数民族地区加速经济和文化的发展。

知识集锦

自古以来，中国就是一个多民族国家。在这片神州大地上，各个民族共同生活，共同创造出辉煌的文明。在历史的长河中不免有民族之间的摩擦，但是友好的民族关系是常态。

在我国，各民族分布有大杂居、小聚居、交错杂居的特点。也就是说，在汉族地区有少数民族聚居，而在少数民族地区也有汉族居住，汉族与少数民族呈现水乳交融的形态。这样的民族分布是在长期历史变迁中形成的。在古代，中原与各少数民族地区交流频繁，通婚、战争甚至流放都促进了汉族与少数民族的交融。整体来说，中国的少数民族人口总数虽然很少，但是分布范围极广，几乎在每个县级单位都有少数民族居住。

由于地理、历史等诸多原因，少数民族集中分布在山区、牧区或边疆地区。这些区域气候、交通条件恶劣，中华人民共和国成立初期，有的少数民族地区才与外界沟通，有的少数民族地区文盲和半文盲比例占总人口的 90% 以上，有的少数民族地区甚至还处在结绳记事的原始状态。

面对这样的局面，1953 年 7 月，全国统战工作会议根据 1952 年全国民族政策大检查的情况，通过了《关于过去几年内党在少数民族中进行工作的主要经验总结》，指出，在祖国的共同事业的发展中，逐步地发展各民族的政治、经济、文化（其中包括稳步的和必要的社会改革在内），消除历史上遗留下来的各民族间事实上的不平等，使落后的民族得以跻身于先进民族的行列，过渡到社会主义。

通过对少数民族地区的大力扶持，国内的少数民族地区均取得了长足发展，正像歌曲《天路》里所唱的那样："一条条巨龙翻山越岭，为雪域高原送来安康。那是一条神奇的天路，把人间的温暖送到边疆，从此山不再高路不再漫长，各族儿女欢聚一堂。"

条文解析

我国是统一的多民族国家，国家的发展并不是单一民族的发展，只有所有的民族都健康地发展，我国才能真正地进步。因此，《宪法》规定，国家根据各少数民族的特点和需要，帮助各少数民族地区发展经济和文化事业。

相关链接

我国的内蒙古、新疆、宁夏、广西、西藏、云南、贵州、青海、四川、甘肃、黑龙江、辽宁、吉林、湖南、湖北、海南、台湾等省、自治区为少数民族的主要分布区域。我国的民族区域自治制度以及各项民族政策是基于少数民族的分布特点建立起来的。

小小活动

同学们可以召开主题班会，在班会上由同学们扮演各个民族，展示民族传统服饰、生活方式，可以对少数民族地区的发展现状进行介绍。

我的感想

____

____

____

5. 我们一起建设法治国家

场景再现

在现行宪法公布施行 30 周年之际，一幅长 23.1 米、高 2.4 米的刻有宪法全文的大理石墙面在全国人民代表大会机关办公楼落成。

建立宪法墙，是为了铭记宪法作为国家的根本法和治国安邦的总章程，在推动和保障中国特色社会主义建设中的巨大作用，弘扬宪法精神，加强宪法和法律的实施，加快建设社会主义法治国家。

建立一面宪法墙，将宪法铭刻其上，法学界早前曾提出建议。

曾有学者提出在重要国事活动场所或者是户外重要场地立碑刻字。现在在全国人民代表大会机关办公楼落成，是迈出了关键一步，实现了零的突破。将宪法刻于墙上，本身并不是目的，更重要的是要牢记宪法精神，增强宪法意识，维护宪法权威，建设社会主义法治国家。

习近平总书记在首都各界纪念现行宪法公布施行30周年大会的讲话中指出，“宪法的生命在于实施，宪法的权威也在于实施”。一切法律、行政法规和地方性法规都不得同宪法相抵触。任何组织或个人，都不得有超越宪法和法律的特权。一切违反宪法和法律的行为，都必须予以追究。

宪法条文

第五条　中华人民共和国实行依法治国，建设社会主义法治国家。

国家维护社会主义法制的统一和尊严。

一切法律、行政法规和地方性法规都不得同宪法相抵触。

一切国家机关和武装力量、各政党和各社会团体、各企业事业组织都必须遵守宪法和法律。一切违反宪法和法律的行为，必须予以追究。

任何组织或者个人都不得有超越宪法和法律的特权。

知识集锦

“法治”在中国大地上很早就出现了，早在先秦时期，就出现了以韩非子为代表的倡导“以法治国”的法家，但是中国古代的“法治”

与现代的“法治”具有完全不同的含义。中国古代的“法”扎根于维护君主的尊严与特权，“以法治国”的治理对象是天下百姓。皇帝凌驾于法律之上，不受任何约束。这正是“溥天之下，莫非王土”的道理。现代的“法治”倡导王在法下。也就是说，就算是国王、皇帝也必须受到法律的约束，有可为，也有不可为，若是逾越了法律，那么也同样要受到法律的制裁。这正是现代“法治”的本质含义——法治而不是人治。

“法制”是一个与“法治”读音相同但是含义却大相径庭的词语。法制是指法律制度。在我国，就是指以宪法为统帅，以宪法相关法、民法商法等多个法律部门的法律为主干，由法律、行政法规、地方性法规与自治条例、单行条例等层次的法律规范构成的一整套法律制度。可以说，依法治国的前提就是有法可依。法治需要建立在一整套法律制度之上，没有法律制度，更谈不上依法治国。

在任何一个国家，只有法治昌明，才能国泰民安。全面依法治国是中国特色社会主义的本质要求和重要保障，总目标是建设中国特色社会主义法治体系，建设社会主义法治国家。思想是行动的先声，作为国家治理领域一场广泛而深刻的革命，全面依法治国需要付出长期艰苦努力，需要以科学的理论为指导。习近平法治思想是马克思主义法治理论中国化的最新成果，深刻回答了新时代为什么实行全面依法治国、怎样实行全面依法治国等一系列重大问题，是全面依法治国的根本遵循和行动指南。

条文解析

已经形成的中国特色社会主义法律体系是我国依法治国的前提，

这套法律体系是从我国国情出发的，适合我国的现实。《宪法》第5条以法律的形式确认了“依法治国”的基本方略。

相关链接

我国现代法治的变迁

中国现代法制开始于清末。那时，仁人志士出于强国兴邦、救亡图存的目的引进法治思想。但是晚清政权还来不及建立起完整的现代法律体系就已经分崩离析。

辛亥革命之后，民国时期的中国法制有了一定进步，“六法全书”体系已经建立。但是，“六法全书”是地主买办、官僚资产阶级意志的体现，不符合新民主主义国家制度对法律的要求。

1949年2月，中国共产党废除了“六法全书”。1949年10月中华人民共和国成立以后，随着社会主义制度的建立与完善，建立一套适合中华人民共和国的社会主义法律体系迫在眉睫。但是，“文化大革命”又使稚嫩的社会主义法制遭遇严重挫折。

直到1978年党的十一届三中全会之后，中国开启了改革开放的大门，也重新开启了民主与法治的大门。我们党深刻总结我国社会主义法治建设的成功经验和深刻教训，提出为了保障人民民主，必须加强法治，必须使民主制度化、法律化。1997年，党的十五大把依法治国确定为党领导人民治理国家的基本方略。2004年，党的十六届四中全会把依法执政确定为党治国理政的基本方式。1999年，“依法治国”被正式写入宪法。2014年，党的十八届四中全会作出《中共中央关于全面推进依法治国若干重大问题的决定》，这是我们党第一次以全会的形式专题研究法治建设。

2020年，中央全面依法治国工作会议正式确立了习近平法治思想在全面依法治国工作中的指导地位。习近平总书记在会议中强调了“十一个坚持”：坚持党对全面依法治国的领导；坚持以人民为中心；坚持中国特色社会主义法治道路；坚持依宪治国、依宪执政；坚持在法治轨道上推进国家治理体系和治理能力现代化；坚持建设中国特色社会主义法治体系；坚持依法治国、依法执政、依法行政共同推进，法治国家、法治政府、法治社会一体建设；坚持全面推进科学立法、严格执法、公正司法、全民守法；坚持统筹推进国内法治和涉外法治；坚持建设德才兼备的高素质法治工作队伍；坚持抓住领导干部这个“关键少数”。

我的感想

6. 在我们国家，宪法至上

场景再现

《民法典》第 1 条规定：“为了保护民事主体的合法权益……根据宪法，制定本法。”

《刑法》第 1 条规定：“为了惩罚犯罪，保护人民，根据宪法……制定本法。”

《行政处罚法》第 1 条规定："为了规范行政处罚的设定和实施……根据宪法，制定本法。"

《教育法》第 1 条规定："为了发展教育事业……根据宪法，制定本法。"

《著作权法》第 1 条规定："为保护文学、艺术和科学作品作者的著作权……根据宪法制定本法。"

宪法是国家的根本法和最高法，其他法律的制定应当以宪法为依据，体现宪法的精神、价值和原则，不得与宪法的规定相抵触。

宪法条文

第五条　中华人民共和国实行依法治国，建设社会主义法治国家。

国家维护社会主义法制的统一和尊严。

一切法律、行政法规和地方性法规都不得同宪法相抵触。

一切国家机关和武装力量、各政党和各社会团体、各企业事业组织都必须遵守宪法和法律。一切违反宪法和法律的行为，必须予以追究。

任何组织或者个人都不得有超越宪法和法律的特权。

知识集锦

我国每年制定的法律、行政法规和地方性法规数量很多，其规定影响着每个人日常生活的方方面面。违反宪法的法律法规一方面不能真正把权力关进制度的笼子里，另一方面容易使公民的宪法权利受到侵害，损伤人们对法律的信心。党的十九大报告提出：“加强宪法实施和监督，推进合宪性审查工作，维护宪法权威。”合宪性审查就是我们必须及时发现和纠正这些问题的重要方法。

2018 年《宪法修正案》将全国人民代表大会“法律委员会”更名为“宪法和法律委员会”。全国人民代表大会宪法和法律委员会除了继续履行原有的职责外，还担负起了推动宪法实施、开展宪法解释、推进合宪性审查、加强宪法监督、配合宪法宣传等重任。现在，宪法和法律委员会对提请审议的每部法律案都会进行是否符合宪法的审议，确保与宪法的原则、规定、精神保持一致。我国的合宪性审查机制将越来越健全和完善。

条文解析

宪法在整个法律体系中具有至上地位。宪法是国家的根本大法，是治国理政、安邦富民的总章程，是整个法律体系的最高统领，具有崇高的法律地位。任何法律法规都不得与宪法相抵触。这就是《宪法》第 5 条第 3~5 款条文的含义。

相关链接

任何组织和个人都必须尊重宪法法律权威，都必须在宪法法律范围内活动，都必须依照宪法法律行使权力或权利、履行职责或义务，都不得有超越宪法法律的特权。

——《中共中央关于全面推进依法治国若干重大问题的决定》

我的感想

____

____

____

7. 普通话是全国通用的语言

场景再现

中国地域宽广，居住在不同地域的人都有自己的方言。汉语方言通常分为七大方言：官话方言、吴方言、湘方言、赣方言、客家方言、粤方言、闽方言。有时候，隔了一个山头的语言就会有很大不同，“十里不同音，百里不同俗”正是这个道理。南腔北调，人与人沟通起来多麻烦啊，所以我们需要一个统一的语言标准。

宪法条文

第十九条第五款　国家推广全国通用的普通话。

知识集锦

语言是文明的承载，中国作为四大文明古国之一，源远流长的中华文明得以传承，便得益于汉语言的发展。早在秦朝，秦始皇就认识到了语言文字的统一对一统江山的重要。“书同文”对于形成中华民族的认同感、归属感是极其重要的——因为我们都说着同样的话。

现代汉语标准语是继承于北宋、定型于元明的“官话”体系。1909年，清政府设立了“国语编审委员会”，将当时通用的官话正式命名为国语。这是清代汉语首次得到官方命名。

随着清政府被推翻，中华民国成立后，1913年2月在北平召开了中国读音统一会，制定了史称“老国音”的国音系统，确定了以“京音为主，兼顾南北”的国音。1923年中华民国教育部国语统一筹备会第五次会议，决定基于现代中国北方官话白话文语法和北京话语音制定国语。1932年中华民国教育部颁布《国音常用字汇》，成为中国的官方语言。作为联合国6种官方工作语言之一，成为国际人士学习中文的主要参照。

1949年中华人民共和国成立后，“国语”改称“普通话”。同年主持教材工作的叶圣陶力主将小学“国语”改成“语文”。1950年《小学语文课程暂行标准（草案）》规定：“所谓语文，应是以北京音系为标准的普通话和照普通话写出的语体文。”

1956年2月6日，国务院发布《关于推广普通话的指示》，补充了对普通话的定义：“以北京语音为标准音，以北方话为基础方言，以典范的现代白话文著作为语法规范。”普通话，就是现代标准汉语，即以北方方言为基础，以北京语音为标准音的现代汉语标准，以北京市、河北省承德市滦平县为普通话标准音采集地，“普通话”中的“普通”2 字有“普遍”和“共通”的含义。

条文解析

在 1954 年《宪法》、1975 年《宪法》和 1978 年《宪法》中均没有关于普通话的规定，直到 1982 年《宪法》，才规定了普通话作为全国通用语言的地位。普通话的推广并不是人为地、刻意地消除方言。相反，具有地方特色的方言应当被保留下来。普通话的推广是为了消除不同方言间的隔阂，促进社会交流，以达到发展经济、文化的目的。

小小活动

同学们可以尝试着用自己家乡的方言与好朋友聊天，看看能不能相互沟通呢。

我的感想

8. 健康是一辈子的事业

场景再现

2008 年 8 月 8 日晚上 8 时，举世瞩目的第 29 届夏季奥运会在北京隆重开幕。古希腊赫拉神庙前采集的太阳之光——奥运圣火，跨过五大洲四大洋的千山万水，经 960 余万平方公里的神州大地，历海拔 8844 米的地球之巅，经全世界 2 万多人手手相传，终于来到北京，点燃了鸟巢的奥运会主火炬。时任国际奥委会主席雅克 · 罗格称赞 2008 年北京奥运会是一届“真正的无与伦比的奥运会”。

2022 年北京将主办第 24 届冬季奥林匹克运动会，成为奥运史上第一个举办过夏季奥林匹克运动会和冬季奥林匹克运动会的城市。2022 年冬奥会设 7 个大项，15 个分项，109 个小项，北京将主办冰上项目，张家口将主办雪上项目。国家提出，要以冬奥会为契机，提升冰雪运动发展水平，鼓励更多的青少年参与冰雪运动，带动更多群众走向冰场、走进雪场。

北京奥运会的成功举办，正是国家发展体育事业，进行全民健身的重要成果。在宪法条文中也有关于发展体育事业的相关规定，公民身体素质的提高对于国家的发展具有重要意义。

宪法条文

第二十一条第二款　国家发展体育事业，开展群众性的体育活动，增强人民体质。

知识集锦

我国《宪法》在总纲和国家机构章节都写入了体育条款，规定了国家发展体育的责任，确立了中央政府、地方政府以及民族区域自治地方自治机关管理体育事务的职责。《宪法》第 21 条第 2 款规定："国家发展体育事业，开展群众性的体育活动，增强人民体质。"第 89 条规定："国务院行使下列职权……（七）领导和管理教育、科学、文化、卫生、体育和计划生育工作……"第 107 条第 1 款规定："县级以上地方各级人民政府依照法律规定的权限，管理本行政区域内的经济、教育、科学、文化、卫生、体育事业、城乡建设事业和财政、民政、公安、民族事务、司法行政、计划生育等行政工作，发布决定和命令，任免、培训、考核和奖惩行政工作人员。"第 119 条规定："民族自治地方的自治机关自主地管理本地方的教育、科学、文化、卫生、体育事业，保护和整理民族的文化遗产，发展和繁荣民族文化。"

条文解析

国家发展体育事业，不仅仅是希望培养出更多的运动员为祖国增光添彩，更重要的是要发展全民健身事业，真正提高普通民众的身体素质，让普通人能够拥有健康的生活。

相关链接

为发展体育事业，国家制定了专门的《体育法》。《体育法》确立了国家发展体育事业的基本方针：国家发展体育事业，开展群众性的体育活动，提高全民族身体素质；国家坚持体育为经济建设、国防建设和社会发展服务；国家对青年、少年、儿童的体育活动给予特别保障，增进青年、少年、儿童的身心健康；国家扶持少数民族地区发展体育事业，培养少数民族体育人才；国家发展体育教育和体育科学研究，推广先进、实用的体育科学技术成果，依靠科学技术发展体育事业；国家对在体育事业中做出贡献的组织和个人，给予奖励等。

小小活动

同学们，你们在日常生活中经常参加体育锻炼吗？积极参加体育锻炼不仅能够强健体魄，还能提高学习效率，认识新的朋友。“每天锻炼一小时，健康工作五十年，幸福生活一辈子。”但也要避免过于剧烈的运动，避免运动性损伤。

我的感想

____

____

____

9. 知识分子对国家影响巨大

场景再现

唐太宗李世民当政期间，非常重视对读书人的培养。他通过对科举制度进行改革，吸引了很多的人才。这些人才对国家的发展起到了至关重要的作用。

贞观初年，唐太宗视察御史府（考进士的地方），看到许多新录取的进士鱼贯而出，便得意地说："天下英雄，入吾彀中矣！"这句话就是说："天下的有为青年，都已为我所用，被我所掌握了！"可见读书人对国家是多么重要。

宪法条文

第二十三条　国家培养为社会主义服务的各种专业人才，扩大知识分子的队伍，创造条件，充分发挥他们在社会主义现代化建设中的作用。

知识集锦

知识分子通常是指具有较高文化水平并主要从事脑力劳动的人。在我国，知识分子属于工人阶级的重要组成部分，是社会主义现代化建设的一支重要力量。知识分子是社会主义建设事业必须依靠的力量。在 1982 年《宪法》修改过程中，不少意见认为，在宪法中应当用专门的内容强调知识分子的作用。《宪法》第 23 条的规定吸收了这一意见，包括两个方面的内容：一是国家通过培养各种专业人才，扩大知识分子的队伍。但国家培养的各类专业人才必须是为社会主义现代化建设服务的专业人才。二是国家应当创造条件，发挥知识分子在社会主义现代化建设中的作用。国家创造的条件，既包括物质待遇和生活待遇方面的条件，也包括体制方面的条件。当今世界的竞争，归根结底是综合国力的竞争，而综合国力的竞争归根结底是知识总量、人才素质和科技实力的竞争。科学技术是第一生产力。在社会主义初级阶段，要加快改革开放和社会主义现代化建设的步伐，要加快实现综合国力的迅速提高，必须由依靠经济发展转向依靠科学技术发展的轨道上来，充分认识知识分子的重要作用，想方设法扩大知识分子队伍，调动知识分子的积极性。

条文解析

知识分子对于国家的发展具有重要意义，国家培养知识分子也绝不是一句空话。《宪法》规定，受教育既是公民的权利，也是公民的义务。只有充分学习知识，将来才能成为对社会和国家有用的人。

我的感想

10. 优生之策，强国之本

场景再现

小希是小学六年级一班的一名学生，她最近经常闷闷不乐。她的好朋友小凡看出她心里有事，就问她到底发生了什么，为什么会这样。小希向朋友吐露了心声。原来，她最近听到爸爸妈妈讨论要不要再生一个孩子。小希心思细腻，认为爸爸妈妈是不是不爱自己了，有了弟弟或妹妹自己的生活会不会受到什么影响。小凡知道了她的想法后，觉得不能让自己的朋友总是闷闷不乐，于是把小希的烦恼告诉了小希的爸爸妈妈。

知道了女儿的烦恼后，小希的爸爸妈妈向小希解释了这一切。原来，在国家计划生育政策的指引下，国家鼓励一户家庭只生一个孩子，而现在国家的政策改变了，鼓励适龄婚育、优生优育，一对夫妻可以生育三个子女。爸爸妈妈向小希保证，对小希的爱不会因为有了弟弟或妹妹而有所减少。经过爸爸妈妈的解释，小希心中的疙瘩终于解开了。她不会吃弟弟或妹妹的“醋”，将来会帮爸爸妈妈照顾弟弟或妹妹。

宪法条文

第二十五条　国家推行计划生育，使人口的增长同经济和社会发展计划相适应。

知识集锦

计划生育是通过晚婚、晚育、少生和优生，对人口进行有计划的控制的过程，是我国的基本国策之一。我国开展的计划生育，在人口控制和经济发展方面起到了积极的作用。

近年来，随着人口数量的变化，我国逐渐步入老龄化社会。过去，控制人口数量是计划生育的主要目标，而现在，更需要实现适度生育，优化人口结构，促进人口长期均衡发展。2021 年 8 月 20 日第二次修正的《人口与计划生育法》第 18 条规定，国家提倡适龄婚育、优生优育，一对夫妻可以生育三个子女。同时，国家还将采取财政、税收、保险、教育、住房、就业等支持措施，减轻家庭生育、养育、教育负担。

“三孩”政策正式写入法律，并不意味着我国放弃了计划生育的基本国策，而是计划生育内涵的与时俱进。合理的人口政策有利于保持社会稳定，促进社会发展。在一些生育率比较低的国家，政府会采取各种措施鼓励生育，如新加坡、法国、葡萄牙等。出生率过高会导致人口增长过快、人口素质下降，出生率过低会导致劳动资源短缺。因此，保持恰当的人口增长速度对于一个国家的发展至关重要。

小小活动

同学们有没有兄弟姐妹呢？自己的爸爸妈妈又有没有呢？如果没有的话，可以采访那些有兄弟姐妹的人，比较一个孩子、两个孩子和三个孩子的生活有何不同。

我的感想

____

____

____

11. 有一种幸福叫绿色

场景再现

在河北省承德市的围场县，有一片广袤的林海——塞罕坝。塞罕坝，意为“美丽的高岭”，历史上这里就水草丰茂、林木参天，辽金时期被称为“千里松林”，清代时曾设立木兰围场，是“林苍苍，树茫茫，风吹草低见牛羊”的皇家猎苑，被誉为“水的源头、云的故乡、花的世界、林的海洋”。然而，由于后来日本侵略者掠夺性的采伐、频发的山火和过度的农牧活动等原因，大片的森林、草地荡然无存，“美丽的高岭”退化为沙地荒原。

为了阻断沙源、涵养水源，1962 年林业部决定在这里建立大型机械林场。第一批创业者来到塞罕坝，他们啃窝头、喝冷水、住马架、睡草棚，在高寒荒漠上植树造林。50 多年来，三代塞罕坝林场工人在极端艰苦的条件下薪火相传、艰苦奋斗，终于将昔日寸草不生的荒漠变成了绿树成荫、碧水青山的“华北绿宝石”。

习近平总书记 2017 年 8 月 14 日指出，55 年来，河北塞罕坝林场的建设者们听从党的召唤，在“黄沙遮天日，飞鸟无栖树”的荒漠沙地上艰苦奋斗、甘于奉献，创造了荒原变林海的人间奇迹，用实际行动诠释了绿水青山就是金山银山的理念，铸就了牢记使命、艰苦创业、绿色发展的塞罕坝精神。他们的事迹感人至深，是推进生态文明建设的一个生动范例。

宪法条文

第二十六条　国家保护和改善生活环境和生态环境，防治污染和其他公害。

国家组织和鼓励植树造林，保护林木。

知识集锦

加强环境保护、防治环境污染是我国的一项基本国策。随着我国社会主义现代化建设事业的不断发展，越来越清楚地看到防治污染、保护环境的重要性和紧迫性。事实证明，资源和环境的状态如何，已经成为影响人民群众身体健康、公民环境权利实现及能否促进国民经济可持续发展的一个重要因素。环境状况如何，也是衡量一个国家和地区物质文明和精神文明建设优劣的重要标志。

防治污染、保护环境是我国宪法规定的一项内容。早在我国1978年《宪法》就曾规定了："国家保护环境和自然资源、防治污染和其他公害。"1982年《宪法》进一步完善了有关的内容，这些规定有：（1）国家保护和改善生活环境和生态环境，防治污染和其他公害。（2）国家保障自然资源的合理利用，保护珍贵的动物和植物。禁止任何组织或者个人用任何手段侵占或者破坏自然资源。（3）一切使用土地的组织和个人必须合理地利用土地。（4）国家组织和鼓励植树造林、保护林木。

宪法为环境保护制度奠定了基础。以宪法为中心，构建环境保护制度的相关法律体系，对于我国资源环境的保护具有重要意义。

条文解析

环境与每一个人息息相关。环境问题已日益成为影响人们工作和生活的重要问题。大气污染、海洋污染、土地退化、森林退化、气候变暖等因素已经严重威胁人民的生活。国家通过宪法确定环境保护的重要性，是对公民健康负责的体现。以宪法为中心，我们国家制定了许多相关法律来保护环境，防止生态破坏。

小小活动

同学们所在地方的天是不是蓝的呢？绿化情况又怎么样呢？有条件的同学可以去远离城市的乡下走走，近距离感受大自然的美好。

我的感想

12. 不移公仆心

场景再现

时传祥是20世纪五六十年代北京市的一名粪便清除工人。他以“一人脏换来万人净”的奉献精神，赢得了人们的尊敬，荣获“全国劳动模范”等光荣称号。在那些年里，他几乎放弃了所有的节假日，到处走走看看，问问闻闻。哪里该掏粪，不必人来找，他总是主动去。无论坑外多烂，无论坑底多深，他都想方设法掏干扫净。他一勺一勺地挖，一罐一罐地提，一桶一桶地背，每天掏粪背粪5吨多，背粪的右肩磨出了老茧。

1959年，时传祥作为全国先进生产者参加了在北京召开的全国“群英会”，毛泽东、刘少奇、周恩来、朱德等中央领导亲切接见时传祥。时任国家主席的刘少奇同志握着时传祥的手，亲切地说：“你掏大粪是人民勤务员，我当主席也是人民勤务员，这只是革命分工不同。”这句话感染了身边的每一个人，并被人们记录下来，流传到了今天。

宪法条文

第二十七条　一切国家机关实行精简的原则，实行工作责任制，实行工作人员的培训和考核制度，不断提高工作质量和工作效率，反对官僚主义。

一切国家机关和国家工作人员必须依靠人民的支持，经常保持同人民的密切联系，倾听人民的意见和建议，接受人民的监督，努力为人民服务。

国家工作人员就职时应当依照法律规定公开进行宪法宣誓。

知识集锦

在掏粪工人时传祥的故事中，刘少奇同志热情地与时传祥握手、交流，这不仅是他个人魅力的体现，也体现了他为人民服务的思想。不脱离群众，与百姓保持密切联系是对党员的基本要求，也是国家发展进步的不竭动力。

我国《宪法》第 27 条第 2 款规定：“一切国家机关和国家工作人员必须依靠人民的支持，经常保持同人民的密切联系，倾听人民的意见和建议，接受人民的监督，努力为人民服务。”

尽管现在同学们还不到年龄，不能成为一名党员，但同学们可以申请成为少先队员或者共青团员。身为少先队员或者共青团员，应当积极团结同学，认真学习，发挥榜样作用，努力成长。

条文解析

《宪法》第 27 条共分 3 款，第 1 款规定国家机关实行精简的原则和工作责任制，要着重提高工作效率。第 2 款规定了密切联系群众的原则。这是宪法对国家工作人员提出的要求，公民可以此为依据对国家机关和国家工作人员进行监督。第 3 款规定了国家工作人员宪法宣誓制度。此款是 2018 年《宪法修正案》新增内容，宪法宣誓制度彰显了宪法权威，激励和教育国家工作人员忠于宪法、遵守宪法、维护宪法。

小小活动

同学们的爸爸妈妈或者老师有许多是共产党员吧？采访身边的共产党员，听一听他们作为共产党员的感受。

我的感想

____

____

____

13. 犯罪行为不容姑息

场景再现

小天和小凡两个小学生，放学后经常一起结伴回家。有一天，当他们放学后正走在回家的一条僻静的路上时，迎面走过来两个成年人，他们走到小天和小凡面前，让他们把身上带的零花钱交出来，不然就不让他们回家。小天和小凡一下子被吓傻了，小凡哭了起来，不知道该怎么做。小天比较镇静，他仔细回忆以前看过的青少年安全栏目，反应过来自己是遇到了抢劫的坏人。小天观察了下，这条小道上没有其他人，大声呼救也不会有人听到，而且可能会激怒歹徒。于是，他把钱包从书包里拿出来，交到了陌生人手上，并让小凡也按照他的做法交出了钱包。两个陌生人拿到钱后，对小天和小凡说："不许告诉老师和家长，不然有你们好看！"随后就转身跑掉了。

不过，小天和小凡并没有被他们吓到。回家后，他们把这件事告诉了爸爸妈妈，爸爸妈妈向派出所民警报了案。接到报案后，民警马上进行了调查。原来，最近类似的事件时有发生，根据被害者们的描述，可以断定类似案件都是同样的两个犯罪嫌疑人所为。随后，经过警察叔叔们的努力，这一案件终于告破，两个犯罪嫌疑人被抓捕归案。小天和小凡因为提供了重要线索而受到了警察叔叔们的表扬。

宪法条文

第二十八条　国家维护社会秩序，镇压叛国和其他危害国家安全的犯罪活动，制裁危害社会治安、破坏社会主义经济和其他犯罪的活动，惩办和改造犯罪分子。

知识集锦

在上述案件中，两个犯罪嫌疑人最终被绳之以法。

我国《宪法》第 28 条规定："国家维护社会秩序，镇压叛国和其他危害国家安全的犯罪活动，制裁危害社会治安、破坏社会主义经济和其他犯罪的活动，惩办和改造犯罪分子。"国家维护社会秩序，打击犯罪行为，维护社会稳定和人民安全，是宪法作出的庄严承诺。

另外，打击违法犯罪，同暴力恐怖活动作斗争，是法律赋予每个公民的神圣权利和光荣义务。所有人都要严格遵守国家法律，积极履行公民义务，保持清醒和理智，不信谣、不传谣、不参与违法活动，坚决同不法分子的违法犯罪活动作斗争。

条文解析

犯罪行为严重危害社会的安宁与稳定，会导致我们每个人处于危险当中。国家通过法律手段打击犯罪行为。本条文旨在维护社会秩序，打击犯罪行为，同时，对待犯罪分子应采用惩办和改造相结合的方针。

相关链接

为更加有效地打击犯罪行为，我国还制定了《刑法》，对各种犯罪行为的内容、惩处措施进行了详细规定。在性质上，宪法是上位法，刑法的内容不得与宪法相违背。

我的感想

____

____

____

14. 国家安全不容侵犯

场景再现

2015 年 9 月 3 日，纪念中国人民抗日战争暨世界反法西斯战争胜利 70 周年阅兵式（以下简称“9・3”阅兵）在首都北京举行。这是中华人民共和国政府为纪念中国人民抗日战争暨世界反法西斯战争胜利 70 周年而开展的众多纪念活动中的一项重要活动。

阅兵于 2015 年 9 月 3 日在北京天安门地区组织实施，这是我国历史上第 15 次大阅兵，是进入 21 世纪以来第 2 次大阅兵，同时也是第一次在非国庆节举行的大阅兵。

阅兵装备方队展示的装备为国产现役主战装备，84% 为首次展示。同时，这次阅兵还邀请有关国家军队派代表和方队参加。阅兵共编 50 个方（梯）队。其中，徒步方队 11 个、抗战老同志乘车方队 2 个、装备方队 27 个、空中梯队 10 个，正式受阅约 1.2 万人，动用 40 多种型号装备 500 多件、20 多种型号飞机近 200 架。

这次阅兵彰显中国坚定不移走和平发展道路，坚定不移维护世界和平，捍卫国家主权、安全和发展利益的坚定立场，彰显中国人民在世界反法西斯战争中作出的巨大民族牺牲和重要历史贡献，展示中国军队贯彻强军目标、推进现代化建设的新成就和威武之师、文明之师的良好形象，动员和激励全党全军全国各族人民，更加奋发有为地为实现中华民族伟大复兴而努力奋斗。

宪法条文

第二十九条　中华人民共和国的武装力量属于人民。它的任务是巩固国防，抵抗侵略，保卫祖国，保卫人民的和平劳动，参加国家建设事业，努力为人民服务。

国家加强武装力量的革命化、现代化、正规化的建设，增强国防力量。

知识集锦

中国从1949年到1959年每年国庆都举行阅兵仪式。1960年9月，中共中央、国务院本着厉行节约、勤俭建国的方针，决定改革国庆典礼制度，实行“五年一小庆、十年一大庆，逢大庆举行阅兵”。之后，由于历史原因，中国连续24年没有举行国庆阅兵。直到1981年，根据邓小平同志的提议，中共中央、中央军委决定恢复阅兵，并于1984年35周年国庆时，举行了恢复阅兵后第一次大型的国庆阅兵。再接下来就重新恢复了逢10年一次国庆阅兵，1999年庆祝中华人民共和国成立 50 周年、2009 年庆祝中华人民共和国成立 60 周年和 2019 年庆祝中华人民共和国成立 70 周年，我国都在天安门广场举行了盛大的阅兵活动。近年来，除了国庆阅兵外，我国在中国人民抗日战争暨世界反法西斯战争胜利 70 周年、中国人民解放军建军 90 周年、人民海军成立 70 周年等重大庆典时也举行了隆重的阅兵式。

中华人民共和国成立后，我国的现代化国防建设有了质的飞跃。现代化国防建设的必要性也体现在了宪法条文当中，《宪法》第 29 条第 2 款规定："国家加强武装力量的革命化、现代化、正规化的建设，增强国防力量。"军队是维护国家主权、社会稳定的重要力量。加强国防建设有利于我国综合国力的提高。

条文解析

本条是关于国家武装力量性质和任务的规定。这一条规定了国家武装力量的"主人"——人民，同时规定了武装力量的任务，归根结底是为了服务人民，保卫人民。本条还规定了在新的历史时期我国武装力量的建设方向和总的要求。为适应新时期的需要，国家将不断加强武装力量的革命化、现代化、正规化的建设，增强国防力量。

相关链接

同学们知道我国的武装力量都有哪些吗？根据《国防法》的规定，我国的武装力量组织由中国人民解放军现役部队和预备役部队、中国人民武装警察部队和民兵组成。他们各有分工，共同起到保卫国家、保卫人民的作用。

小小活动

有条件的同学可以和家人一起在网上观看“9·3”阅兵、庆祝中华人民共和国成立 70 周年等视频，感受我国国防力量的提升。

我的感想

____

____

____

15.“一国两制”是我国处理港澳台问题的基本国策

场景再现

1997 年 7 月 1 日是一个值得纪念的日子。这一天，中华人民共和国恢复对香港行使主权，中英香港政权交接仪式于 6 月 30 日午夜在香港会议展览中心隆重举行。1997 年 7 月 1 日零时，中华人民共和国国旗和香港特别行政区区旗在香港升起，时任国家主席江泽民宣布中华人民共和国香港特别行政区政府成立。飘扬了 150 年的米字旗缓缓降下，“末代港督”彭定康和英方人员在大雨中离开了码头。鲜艳的五星红旗与紫荆花绽放的香港特别行政区区旗相伴，冉冉升起。中国人民解放军驻港部队三军齐发，去捍卫神圣的国家主权。历史翻转，百年圆梦。经历了百年沧桑的香港回到祖国的怀抱，中国政府恢复对香港行使主权。

1999 年 12 月 20 日零时，中葡两国政府在澳门文化中心举行政权交接仪式，中国政府对澳门恢复行使主权，澳门回归祖国。交接仪式后，举行了中华人民共和国澳门特别行政区成立暨特区政府宣誓就职仪式。这是继 1997 年 7 月 1 日香港回归祖国之后，中华民族在实现祖国统一大业中的又一盛事。1999 年 12 月 20 日零时，中华人民共和国国旗和澳门特别行政区区旗在澳门文化中心花园馆升起，中华人民共和国恢复对澳门行使主权。

宪法条文

第三十一条　国家在必要时得设立特别行政区。在特别行政区内实行的制度按照具体情况由全国人民代表大会以法律规定。

知识集锦

我国的特别行政区制度的核心内容是“一国两制”。“一国两制”

即“一个国家，两种制度”，指的是在中华人民共和国境内，国家的主体实行社会主义，香港特别行政区、澳门特别行政区实行资本主义。

“一国两制”是邓小平同志为了实现祖国统一的目标而提出的方针，是中华人民共和国政府在台湾问题上的主要方针，是香港、澳门两个特别行政区所采用的制度。香港问题、澳门问题和台湾问题都是历史遗留下来的问题。解决这些问题，实现国家统一，是中华民族的共同愿望。解决台湾问题，实现国家统一，是全体中国人民一项庄严而神圣的使命。中华人民共和国成立后，中国政府为之进行了长期不懈的努力。

条文解析

本条是关于国家设立特别行政区的规定。特别行政区是指在我国行政区域内，根据宪法和法律的规定而设立的具有特殊法律地位，实行特殊的社会制度、政治制度、经济制度和文化制度等的行政区域。特别行政区的特点是：第一，特别行政区仍然是中华人民共和国领土不可分离的部分，是在中央人民政府统一领导下的地方行政区域；第二，特别行政区享有高度的自治权；第三，特别行政区可以保留现行的社会制度、经济制度和生活方式长期不变。根据本条的规定，我国政府已于 1997 年、1999 年先后恢复对香港、澳门行使主权，并设立了香港特别行政区和澳门特别行政区。

相关链接

同学们了解香港被侵占的历史吗？1839 年林则徐奉命查禁鸦片、烧毁烟土后，英国驻华商务监督义律即把在华的英船和人员全部集中九龙湾，控制九龙与香港之间的水域。1840 年英国发动鸦片战争时，英国大小军舰 40 多艘齐集香港北部海面，香港事实上已被英军霸占。1841 年 1 月 25 日，英国军舰“硫磺号”到达香港，并在那里升起英国国旗，正式占领香港；6 月 7 日，发布文告，宣布香港为自由港，以遵臣任香港政府首长。1842 年《南京条约》签订，香港岛正式割给英国。1856 年英法联军发动第二次鸦片战争，香港成为英军这次侵华的重要基地。1859 年 3 月，香港总督包令致函英殖民部，要求采取措施割占九龙南半岛。1860 年 3 月，英军下令对九龙南半岛实行武力占领。当时英军已占领广州，英国驻广州领事巴夏礼与清政府两广总督劳崇光“谈判”。劳崇光在占领军逼迫下签字，同意将今界线街以南的九龙半岛和昂船洲永租给英国。英军即对这一地区实行全部占领。1860 年，中英《北京条约》第 6 款规定，将九龙半岛由承租改为割让给英国，并归属英属香港界内。

我的感想

____

____

____

16. 全国人民代表大会及其常务委员会负责制定法律

场景再现

《立法法》是规范立法活动的一部宪法性法律，法律层级仅次于《宪法》。2015 年 3 月，第十二届全国人民代表大会第三次会议以 2761 票赞成，81 票反对，33 票弃权的高票表决通过对《立法法》的修改。这是《立法法》实施 15 年来的首次大修改。这次修改，与人们休戚相关的是税收法定的内容，因为税收关涉公民的财产权。其中，最引人关注的是，“税率法定”的规定在三审稿中被删除了。众多代表纷纷就此提出意见，有的代表甚至连夜起草修改意见。4 天后，“税率法定”重入《立法法》，通过大会表决。短短的 96 小时集中见证了一次科学立法、民主立法的重大历程。如此重大的立法修改正是由全国人民代表大会作出的，体现了全国人民代表大会享有国家立法权。

宪法条文

第五十八条　全国人民代表大会和全国人民代表大会常务委员会行使国家立法权。

知识集锦

一、立法原则

《立法法》总则确立了遵循宪法基本原则、依法立法、科学立法、民主立法的立法基本原则。（1）立法应当遵循宪法的基本原则。（2）立法应当依照法定的权限和程序。（3）立法应当体现人民的意志。（4）立法应当从实际出发，科学合理地规划权利与义务、权力与责任。

二、立法程序

1. 法律案的提出

（1）全国人民代表大会主席团、全国人大常委会、全国人民代表大会各专门委员会、国务院、中央军事委员会、最高人民法院、最高人民检察院，或者一个代表团或 30 名以上代表联名，可以向全国人民代表大会提出全国人民代表大会职权范围内的法律案。

（2）委员长会议、国务院、中央军事委员会、最高人民法院、最高人民检察院、全国人民代表大会各专门委员会，或者常委会组成人员 10 人以上联名，可以向常委会提出法律案。

2. 法律案的审议

全国人民代表大会审议法律案：（1）由全体会议听取提案人关于法律案的说明；（2）由各代表团全体会议或者分组会议审议，并由宪法和法律委员会和有关专门委员会审议；（3）宪法和法律委员会根据各代表团和有关专门委员会的审议意见，对法律案进行统一审议，并向主席团提出审议结果的报告和法律草案修改稿，主席团审议通过后印发会议；（4）法律草案修改稿经各代表团审议，由宪法和法律委员会根据各代表团的审议意见进行修改，提出法律草案表决稿，由主席团提请大会全体会议表决。

全国人大常委会审议法律案一般要经过三次常委会会议的审议，即实行三审制。一审听取提案人关于法律案的说明，随后进行初步审议；二审围绕法律草案中的重点、难点和比较大的分歧意见，进行深入审议；三审听取宪法和法律委员会审议结果的报告，随后继续审议，如果分歧意见不大，由委员长会议决定提请全体会议付表决。如果仍有重大分歧意见，可以暂不付表决，提请以后的常委会会议继续审议。

3. 法律案的表决

全国人民代表大会全体会议表决法律案，由全体代表的过半数通过。宪法的修改由全体代表的 2/3 以上的多数通过。对法律案一般采用按电子表决器的方式进行表决。

全国人大常务委员会表决法律案，由常务委员会全体组成人员的过半数通过。

4. 法律的公布

法律的公布，是法律生效的必要条件，法律通过后，未经公布的，都不能发生法律效力。宪法的修改由全国人民代表大会主席团公布。经全国人民代表大会和全国人大常委会通过的法律，由国家主席签署主席令予以公布。

条文解析

国家立法权由全国人民代表大会及其常务委员会行使。对于全国人民代表大会及其常务委员会的立法权限划分，宪法作了基本的规定，即全国人民代表大会制定基本法律，全国人大常委会制定除基本法律以外的其他法律。什么是基本法律，并无确定标准，通常是指某一法律部门、某一行政管理部门最基本的法律制度和规范，如教育领域里的《教育法》，国防领域里的《国防法》，以及刑事、民事和国家机构组织方面的法律。

相关链接

全国人民代表大会和全国人大常委会并不是同一个机构，两者的区别主要体现在性质、地位和职能等方面。

全国人民代表大会是最高国家权力机关，又是国家的立法机关。我国《宪法》规定，“中华人民共和国的一切权力属于人民。人民行使国家权力的机关是全国人民代表大会和地方各级人民代表大会”。全国人民代表大会的职权体现在以下方面：立法权、人事任免权、国家重大事项决定权、监督权和其他应当由它行使的职权。而全国人大常委会是全国人民代表大会的常设机构，是全国人民代表大会日常事务处理机关，是最高国家权力机关的组成部分。全国人大常委会的职权有：立法权、宪法和法律的解释权、人事任免权、国家重大事项决定权、监督权和全国人民代表大会授予的其他职权。

我的感想

17. 全国人大代表应具有广泛性

场景再现

春暖花开，盛会开启。每年三月召开的“两会”总是格外吸引全国人民的目光。一方面，因为它在国家政治生活中有重要作用；另一方面，全国人大代表穿着的各式各样的服饰也不禁令人感到好奇。

原来，他们是来自各个少数民族的人大代表。他们来自不同的地区、不同的民族，代表当地少数民族同胞，为了当地少数民族的利益参与到国家大政方针的讨论和制定中。在参加“两会”的全国人大代表中，除少数民族代表外，还有来自各行各业的代表，体现出全国人大代表的广泛性。

宪法条文

第五十九条第一款　全国人民代表大会由省、自治区、直辖市、特别行政区和军队选出的代表组成。各少数民族都应当有适当名额的代表。

知识集锦

2018年2月24日，新华社授权发布中华人民共和国第十三届全国人民代表大会代表名单，共计2980名。其中，少数民族代表438名，占代表总数的14.70%，全国55个少数民族都有本民族的代表；妇女代表占比24.9%，比上一届提高了1.5%；一线工人、农民代表占比15.70%，提高了2.28%；农民工代表45名，占比提高31%；行业专业技术人员代表占比20.57%；党政领导干部代表占比有所下降。此外还有中国人民解放军、香港特别行政区、澳门特别行政区、台湾地区和归国华侨等方面的代表。他们履行代表的职责，参与宪法的修改、法律的制定和修改，参与选举、决定和罢免国家和政府领导人，参与审查和批准国民经济和社会发展计划和计划执行情况的报告、国家预算和预算执行情况的报告，反映人民意愿，提出议案和建议、批评、意见，进行视察和参与执法检查工作，发挥了重要作用。全国人大代表构成的多样化，充分体现了我国民主的广泛性，这正是民主制度在宪法和法律的规制下良好运行的体现。

条文解析

《宪法》第59条规定了人大代表的构成，也体现出我国人大代表具有普遍性和广泛性。在我国，人大代表以省份为单位。“代表构成”指组成人大代表的比例与分布情况，通常包括代表的年龄构成、性别构成、民族构成、职业构成、党派构成、文化程度构成等内容。代表由工人、农民、干部、知识分子、军人、民主党派和无党派爱国人士、中共党员、非中共党员、少数民族、妇女代表等构成。

相关链接

“两会”是指“全国人民代表大会”和“中国人民政治协商会议”，由于两个会议基本上在每年初春的大致相同时段召开，故简称“两会”。“两会”召开的意义在于：将“两会”代表从人民中得来的信息和要求进行收集和整理，传达给中央。“两会”代表代表广大选民的利益，代表选民向政府有关部门提出意见和要求。

我的感想

____

____

____

18. 代表人民的质询

场景再现

1980 年第五届全国人民代表大会第三次会议北京代表团小组讨

论会议的第二天下午，在人民大会堂北京厅召开北京团全体会议，会场坐满了人，其中包括十几家媒体的记者，足见此次会议的重要性。原冶金工业部的部长唐克已经60多岁，白发、高个子，穿着中山装。据参加过这次会议的北京人大代表回忆：“唐克一上来就先向所有代表鞠躬，向代表们对宝钢的关心表示感谢。”

代表们开始一个接一个地提问：“为什么要建宝钢？”“选址为何在上海？”“为什么是在海滩上？”“建设宝钢到底投资了多少？投资是无底洞？”“从国外进口先进设备，是否是花钱买来的现代化？”唐克一一作答，人大代表回忆说：“他的答复合情合理，大家也认为他很真诚。整个质询的过程有一个多小时，唐克并没有带任何材料，上百个数据脱口而出。”

虽然随着时间的推移，证实了宝山钢铁的建设是正确的，符合国家发展大策略的，但人民代表的权利来自人民，他们有权利也有义务知晓决策的来源，有权利提出质询。

宪法条文

第七十三条　全国人民代表大会代表在全国人民代表大会开会期间，全国人民代表大会常务委员会组成人员在常务委员会开会期间，有权依照法律规定的程序提出对国务院或者国务院各部、各委员会的质询案。受质询的机关必须负责答复。

知识集锦

质询权是人民群众监督国家机关的一种形式。人大代表的权利来自人民，他们有权利也有义务知晓决策的来源，有权利提出质询。第五届全国人民代表大会第三次会议中，代表们以这种民主的方式，真切地考虑人民的利益，不再是简单的举手同意。这样的代表才没有辜负人民的嘱托，这样的全国人民代表大会才是最高权力机关，这样的政府才会时刻谨记“为人民服务”。

条文解析

人大代表的质询权，是指人大代表依照有关法律规定，有对本级人民政府及其所属工作部门、监察委员会、人民法院、人民检察院提出质询并要求必须予以答复的权利。这在我国《宪法》第 73 条和《地方各级人民代表大会和地方各级人民政府组织法》中都有相关的法律规定。中华人民共和国历史上，地方人民代表大会会议中有若干次质询，但在全国人民代表大会会议中提出的质询案仅有 2 件。

小小活动

有条件的同学可以到人民大会堂参观，了解有关全国人大代表的基本知识。

我的感想

19. 我国的国家主席

场景再现

1949 年 9 月 21 日至 9 月 30 日，中国人民政治协商会议第一届全体会议在中南海怀仁堂举行。礼堂内的众人等待着投票结果的宣布。刘少奇站在台上，表情非常严肃："下边，我宣布选举结果。这次会议有选举权的代表是 578 人，实际投票为 576 人。""开票结果，没有一人弃权，也没有一张废票。"短暂的停顿过后，刘少奇大声地宣布："毛泽东，557 票，当选中华人民共和国中央人民政府主席！"

会场上顿时爆发出雷鸣般的掌声。代表们纷纷站立起来，欢呼着。毛泽东站起来，转身面对身后全体代表。他目光深深地望着在座的全体代表，感激代表们的信任和托付，深情而庄严地鞠躬。

宪法条文

第八十条　中华人民共和国主席根据全国人民代表大会的决定和全国人民代表大会常务委员会的决定，公布法律，任免国务院总理、副总理、国务委员、各部部长、各委员会主任、审计长、秘书长，授予国家的勋章和荣誉称号，发布特赦令，宣布进入紧急状态，宣布战争状态，发布动员令。

第八十一条　中华人民共和国主席代表中华人民共和国，进行国事活动，接受外国使节；根据全国人民代表大会常务委员会的决定，派遣和召回驻外全权代表，批准和废除同外国缔结的条约和重要协定。

知识集锦

我们经常在关于国家领导人活动的新闻报道中听到“中共中央总书记、国家主席、中央军委主席”这样的表述。提起“国家主席”，首先浮现在我们脑海中的可能是一个具体的人物形象。实际上，在宪法中，国家主席同全国人民代表大会及其常务委员会、国务院、中央军委等一样，作为重要的国家机构存在，是国家的重要象征。

1949 年 6 月至 9 月，新政协筹备会召开。中央人民政府委员会在联合政府中享有优越地位，居于国家机构的核心，是国家最高权力机关。《中央人民政府组织法》（已失效）第 8 条规定，中央人民政府主席主持中央人民政府委员会会议，领导其工作。政府主席由新政协全体会议选举产生，代表了“主席”作为新政权总的人格化代表的首要地位，实质上等同于国家主席。第一任中央人民政府主席由毛泽东担任，同时他还是中共中央主席和中央人民政府人民革命军事委员会主席。

新中国第一部宪法在全国人民代表大会下分别设立了全国人大常委会和国家主席，刘少奇在关于宪法草案的说明中称二者共同承担了国家元首的职权。毛泽东当选第一任国家主席。1954 年《宪法》中的国家主席是按照“实权”元首来设计的，第 42 条规定，“中华人民共和国主席统率全国武装力量，担任国防委员会主席”，第 43 条规定，“中华人民共和国主席在必要的时候召开最高国务会议，并担任最高国务会议主席”。1959 年，刘少奇当选为第二任国家主席。“文化大革命”爆发后，10 多年间国家主席职务一直空缺，由国家副主席或全国人大常委会委员长行使国家主席职能。1975 年颁行的《宪法》，正式取消了国家主席的设置，1978 年《宪法》也没有恢复。

1982 年《宪法》起草时，对是否恢复设置国家主席，存在不同意见：一是设立国家主席；二是不设国家主席，由人大委员长或国务院总理改称主席，并行使元首职权；三是建议全国人大常委会改称为“常务主席团”，委员长即是该主席团主席，实行集体领导。第一种意见占压倒性多数，邓小平也明确支持重新设置国家主席，同时也公开表明不任此职的意愿。《宪法修改草案（讨论稿）》规定，国家主席“不干涉政府工作，不承担行政责任”。最终 1982 年宪法恢复了国家主席的设置，但除了“中华人民共和国主席代表中华人民共和国，接受外国使节”以外，其他职权都必须根据全国人民代表大会或全国人大常委会的决定行使。

2004 年修宪时，考虑到，元首外交是当今世界国际交往中的重要形式，需要在宪法中对此留有空间，增加了“进行国事活动”的规定，从而形成了今天“中华人民共和国主席代表中华人民共和国，进行国事活动，接受外国使节”这一完整表述。

条文解析

中华人民共和国主席，简称国家主席，是中华人民共和国的国家元首，同时也是我国的国家机构之一，在形式上是国家的最高代表，履行公布全国人民代表大会及其常务委员会的决定等职责。中华人民共和国主席、副主席由全国人民代表大会选举产生，每届任期同全国人民代表大会每届任期相同。国家主席的主要权力包括公布权、任免权、外交权和荣典权四个方面。

相关链接

中国的国家主席制度经历了曲折的发展过程，大致可分为四个阶段：第一阶段，1949 年中华人民共和国成立至 1954 年第一部社会主义宪法颁布；第二阶段，1954 年国家主席的设立至 1968 年以后主席职位的悬空，再到 1975 年《宪法》对国家主席的撤销；第三阶段，1975 年国家主席在宪法上的缺位至 1982 年《宪法》对国家主席的恢复；第四阶段，1982 年至今国家主席制度的稳步发展时期。

小小活动

你对中国历届国家主席了解多少呢？和你的同学进行一个有关国家主席的知识竞赛吧！

我的感想

______

______

______

20. 国务院是最高国家行政机关

场景再现

当五星红旗第一次在天安门广场升起，开国大典的礼炮声响了。隆隆的 28 响，响彻云天。

毛泽东主席神情肃穆。他迈着稳健的步子走到麦克风前，环视了一下广场上沸腾的人群，平缓了一下呼吸，用他那浓重而激昂的湘音，庄严宣布：

“中华人民共和国中央人民政府，今天成立了！”

顿时，广场上欢声雷动，红旗、花束、彩带卷起了波涛。“中华人民共和国万岁！”“中央人民政府万岁！”的欢呼声此起彼伏……

站在天安门城楼上的委员、代表们，看到广场上 30 万名群众恢宏热烈的场面，许多人都情不自禁地流下了眼泪。

宪法条文

第八十五条　中华人民共和国国务院，即中央人民政府，是最高国家权力机关的执行机关，是最高国家行政机关。

知识集锦

国务院由总理、副总理、国务委员、各部部长、各委员会主任、审计长、秘书长组成。

国务院办公厅如同国务院的大管家，受秘书长的直接领导，而秘书长又是在总理的领导下，负责处理国务院的日常工作。

国务院组成部门俗称“国家部委”，目前有 26 个。顾名思义，它们中除了中国人民银行、审计署外，名字里都带有“部”或“委员会”，例如我们经常在新闻中听到的外交部、国防部、教育部、国家发展和改革委员会（发改委）、国家卫生健康委员会（卫健委）等。这些部门的“一把手”是国务院的组成人员。

国务院直属特设机构，只有国有资产监督管理委员会一家，通常简称“国资委”，管理旗下的 100 多家央企，十分重要。

国务院直属机构，是根据工作需要和精简的原则，设立的主管各项专门业务的机构，目前有 10 个，如海关总署、国家税务总局、国家市场监督管理总局等。

国务院办事机构是为了协助总理办理专门事项而设立，目前有国务院港澳事务办公室和国务院研究室，它们负责专门事项的研究、发布。

国务院直属事业单位不是行政机关，而是国务院直接领导的社会组织，目前有 9 个，包括新华通讯社、中国科学院、中央广播电视总台等。它们的设置主要是为了增进社会福利，满足社会文化、教育、科学、卫生等方面需要，提供各种社会服务。

中华人民共和国国务院，前身为成立于 1949 年 10 月 1 日的中央人民政府政务院。1954 年 9 月，第一届全国人大第一次会议召开。这次会议决定并成立了“中华人民共和国国务院”。国务院部委管理的国家局，目前有 16 个，它们归国务院组成部门管理。例如由交通运输部管理的国家铁路局，由文化和旅游部管理的国家文物局等。

条文解析

全国人民代表大会是国家最高权力机关，而国务院则是最高国家权力机关的执行机关，是最高国家行政机关。

相关链接

随着时代变迁和社会经济发展，为了不断适应国家治理的新需要，国务院的组织机构历经了多次调整。党的十九届三中全会《深化党和国家机构改革方案》提出深化国务院机构改革。经过相关法律程序，2018 年国务院新组建了自然资源部、生态环境部、农业农村部、文化和旅游部、国家卫生健康委员会、退役军人事务部、应急管理部，重新组建了科学技术部、司法部，优化了审计署职责；新组建了国家市场监督管理总局、国家广播电视总局；新组建了中央广播电视总台、中国银行保险监督管理委员会、国家国际发展合作署；新组建了国家医疗保障局、国家粮食和物资储备局、国家移民管理局、国家林业和草原局，重新组建了国家知识产权局。

小小活动

在老师或家人的帮助下了解国务院各部委的职责，想一想身边发生的事情与国务院哪些部门有关？

我的感想

____

____

____

21. 总理领导国务院的工作

场景再现

2021 年 3 月 11 日，第十三届全国人民代表大会第四次会议闭幕后，国务院总理李克强在人民大会堂三楼金色大厅出席记者会并回答中外记者提问。有记者请总理谈一谈政府如何解决就医、子女教育、养老托幼等民生领域凸显的问题。总理回答，政府总支出要更多地向量大面广的民生领域倾斜，特别是义务教育和基本医疗，“这对拉动当年 GDP 增长可能不明显，但是对于长远发展、惠民生有支撑作用。我们要坚持以人民为中心的发展思想，这是习近平新时代中国特色社会主义思想的重要内容，人民的政府就应当以民之所望为施政所向”。每年全国人民代表大会闭幕后的“总理记者会”已经成为一项惯例，国务院总理在人民大会堂会见中外记者并回答他们提出的问题，阐释中央政府的内政外交政策。

宪法条文

第八十六条　国务院由下列人员组成：

总理，
副总理若干人，
国务委员若干人，
各部部长，
各委员会主任，
审计长，
秘书长。

国务院实行总理负责制。各部、各委员会实行部长、主任负责制。

国务院的组织由法律规定。

第八十八条　总理领导国务院的工作。副总理、国务委员协助总理工作。

总理、副总理、国务委员、秘书长组成国务院常务会议。

总理召集和主持国务院常务会议和国务院全体会议。

知识集锦

我国中央政府实行“总理负责制”，总理领导国务院的工作。副总理、国务委员协助总理工作。简单地说，就是总理是国务院的首长，虽然国务院也开会，也讨论，但充分讨论后，由总理作出决定。因为是总理负责制，根据权责统一，所以一旦有了问题，也是总理负责。

那么副总理、国务委员怎样协助总理工作呢？按照《国务院组织法》和《国务院工作规则》的规定，副总理、国务委员协助总理按分工负责处理分管工作。历届国务院在组成时，都会对领导层进行重新分工，其分管工作与在国务院中的排名次序无关，没有固定模式。分工的基本原则是各展所长，根据个人的专业、经历以及特定时期的工作重点进行调整。

其实想象一下，把整个国家缩小到你所在的学校，校长及领导班子成员的模式基本如此：校长领导整个学校，副校长协助校长进行管理；从教经验丰富的副校长可以主管教学，有心理学学位的副校长可以主管学生工作，有良好人际的副校长主管后勤；学校实行“校长负责制”，校长对大小事项拥有最终决定权，并对学生的学习、安全等承担主要责任。

条文解析

总理全面领导国务院工作，总理代表国务院对全国人民代表大会及其常务委员会负责；副总理、国务委员协助总理工作，并与国务院秘书长、各部部长、各委员会主任、中国人民银行行长、审计署审计长一起对总理负责；国务院工作中的重大问题，总理具有最后决策权。

相关链接

国务院领导成员，他们日常的重要“功课”就是国务院常务会议。许多国家大事，都是出自该会议。根据惯例，国务院常务会议通常每周召集一次，但是并无明文规定会议间隔，它实际上是不定期会议，即由国务院总理根据国内外形势不定期召开。国务院工作中的重大事项，必须经国务院全体会议或国务院常务会议讨论决定。这些问题包括国家预算、宏观调控、法律议案、行政法规等。

通常，能提到国务院常务会议上讨论的事项，都是经过深入调查研究，并经过必要性、科学性、可行性的评估论证的。涉及重大公共利益的，要事前采取听证会等形式听取各方面的意见。

我的感想

22. 直接选举与间接选举相结合符合我国国情

场景再现

2016 年 11 月 15 日，是北京市海淀区第十六届人大代表换届选举法定投票日。在中国人民大学选区，投票站热闹非凡，有朝气蓬勃的学生，有步履匆匆的中年人，也有白发苍苍的老人。在“珍惜民主权利，投好庄严而神圣的一票”横幅下，大家认真地阅览宣传版上代表候选人的基本信息、专业背景、工作经历和履职承诺。而后，在工作人员的指引下，选民们排队依次投下自己填写好的选票。许多同学都为这庄严神圣的一票感到兴奋激动，纷纷手持选民证拍照留念。而在另外几处投票站，因为选民里有许多是行动不便的老人，工作人员便挨家挨户上门送去投票箱，为他们行使民主权利提供便利。

宪法条文

第九十七条第一款　省、直辖市、设区的市的人民代表大会代表由下一级的人民代表大会选举；县、不设区的市、市辖区、乡、民族乡、镇的人民代表大会代表由选民直接选举。

知识集锦

前文已介绍了我国的根本政治制度是人民代表大会制度，有选举权的人民选举人大代表即行使选举权。接下来我们来谈谈我国人大代表选举产生的两种基本方式。

一种是直接选举，即由选民直接选举人大代表。就像在班级中选举班长，每个同学都参与了投票，根据大家的投票，最多者当选班长，这就是直接选举。直接选举的优点包括：利于选民政治情感的表达和主人翁责任感的增强；最直接、快捷地反映民意；推动民主发展，遏制贿选等腐败现象。

另一种是间接选举，即由下一级人大选举上一级人民代表大会代表。这就好比在班级中有 6 个组，每组同学们先在组内选出一位能够代表大家意志的组长，再由组长们投票选出班长。这种选举方式在人口地域大国，相对来说是节省程序、时间、人力、物力、财力，低成本高效率的选择。

条文解析

我国目前的选举方式是直接选举和间接选举相结合的选举方式，即县、乡两级人大代表由选区选民直接选举产生，为直接选举；全国人大代表、省级人大代表和设区的市级人大代表，分别由下一级人大选举产生，为间接选举。

相关链接

同学们可能会疑惑，既然直接选举优点那么多，为什么我国直接选举的范围只到县一级？其实在中华人民共和国成立初期，选举方式就已经是直接选举与间接选举相结合，而且那时仅基层人大代表才能直接选举，县级及以上都是间接选举。尽管如此，当时的思想认识上，也没说直接选举的层级要静止不变。关于这一问题，邓小平曾指出，随着我国政治、经济、文化的发展，我国将来也一定要逐步扩大直接选举的范围。

后来党的十一届三中全会召开，在三中全会精神的指导下，全国人民代表大会决定修正1978年《宪法》，将其第35条第2款修改为："省、直辖市、设区的市的人民代表大会代表，由下一级的人民代表大会经过民主协商，无记名投票选举；县、不设区的市、市辖区、人民公社、镇的人民代表大会代表，由选民经过民主协商，无记名投票直接选举。"就这样，直接选举的层级由乡镇一级提高到县一级。

时任全国人大常委会副委员长、代秘书长的彭真同志于1979年12月27日在全国选举试点工作会议上的讲话回答了我国为什么采用这种选举方式的问题。他认为直接选举与间接选举相结合的选举方式，符合我国国情，而且，我国将在很长的一段时间里采用这种选举方式。我们要明白，并非直接选举层级越高就越民主。我们国家这样大，人口这样多，有些省的人口，比世界有些中等国家的人口还多，政治、经济、文化发展又很不平衡，交通又很不发达，全国人大代表如果直接选举，许多人下面不了解，联系选民也不方便。现在，省级和全国人大代表间接选举比较适合我国实际情况，它可以保证人民更好地管理国家大事。符合国情的选举才是真正民主的。

小小活动

我国《宪法》规定必须年满 18 周岁的公民才能有选举权与被选举权，同学们还没有亲自参与过人大代表的选举，但是可以督促父母和家里的其他成年人行使自己的神圣权利。

我的感想

____

____

____

23. 监察委员会是国家的监察机关

场景再现

2018 年 3 月 20 日，第十三届全国人民代表大会第一次会议通过了《宪法修正案》和《监察法》，产生了中华人民共和国国家监察委员会及其领导人员。

2018 年 3 月 23 日，中华人民共和国国家监察委员会正式揭牌。这天的清晨，中央纪委机关大院处处生机盎然。机关大楼门柱上，悬挂着一块被红色绸布所覆盖的牌匾，一抹鲜艳的红色随风飘动，格外引人注目。

参加揭牌仪式的同志身着正装，早早在大楼的台阶前肃立。

在大家的注视下，中共中央政治局常委、中央纪委书记赵乐际亲手拉下红绸布，时间被定格在 8 时 58 分。只见古铜色牌匾上，“中华人民共和国国家监察委员会”14 个大字苍劲有力。现场随即响起热烈掌声，党和国家反腐败工作新的一页就此开启。

大家坚信，此次国家监察委员会揭牌成立，将在中国历史上留下浓重的一笔。

宪法条文

第一百二十三条　中华人民共和国各级监察委员会是国家的监察机关。

第一百二十七条　监察委员会依照法律规定独立行使监察权，不受行政机关、社会团体和个人的干涉。

监察机关办理职务违法和职务犯罪案件，应当与审判机关、检察机关、执法部门互相配合，互相制约。

知识集锦

国家监察委员会是最高监察机关，领导地方各级监察委员会的工作。国家监察委员会由全国人民代表大会产生，负责全国监察工作。对全国人民代表大会及其常务委员会负责，并接受监督。国家监察委员会由主任、副主任若干人、委员若干人组成，主任由全国人民代表大会选举产生，副主任、委员由国家监察委员会主任提请全国人大常委会任免。国家监察委员会主任每届任期同全国人民代表大会相同，即 5 年。

条文解析

国家监察委员会行使国家监察职能，依照法律对所有行使公权力的公职人员进行监察，调查职务违法和职务犯罪，开展廉政建设和反腐败工作，维护宪法和法律的尊严。

监察委员会依法独立行使监察权。监察委员会成立后，法院、检察院、公安机关、审计机关等国家机关在工作中发现公职人员涉嫌贪污贿赂、失职渎职等职务违法或者职务犯罪的问题线索，应当移送监察机关，由后者依法调查处置。被调查人既涉嫌严重职务违法或者职务犯罪，又涉嫌其他违法犯罪的，一般应当由监察机关为主调查，其他机关予以配合。

我的感想

24. 人民法院是国家的审判机关

场景再现

周末，某小学六年级一班的同学在学校的组织下，来到当地人民法院进行参观。在法院法官的带领下，同学们相继参观了立案大厅、审判庭、羁押室、少审室等，以往只能在电视和电影里看到的法官、法庭，这次都一一真实地呈现在同学们的面前。

“这个槌子是做什么的呢，法院也需要钉钉子吗？”刚刚步入法庭，小凡忍不住好奇向王法官询问。法官听后，哈哈一笑，耐心地向小凡解释了法槌的作用：法官宣布开庭、继续开庭、休庭、闭庭和宣布判决、裁定时，会敲响法槌，庭审中需要维护法庭秩序时也可以使用法槌。法官使用法槌，可以更好地控制庭审节奏，也增添了法律的神圣感、权威感和仪式感，有利于体现司法的公正与威严。王法官邀请同学们参与小小模拟法庭活动，让大家做一次法官，体验一下庭审、感受一回审判。

宪法条文

第一百二十八条　中华人民共和国人民法院是国家的审判机关。

第一百二十九条　中华人民共和国设立最高人民法院、地方各级人民法院和军事法院等专门人民法院。

最高人民法院院长每届任期同全国人民代表大会每届任期相同，连续任职不得超过两届。

人民法院的组织由法律规定。

第一百三十一条　人民法院依照法律规定独立行使审判权，不受行政机关、社会团体和个人的干涉。

知识集锦

审判机关是行使国家审判权的机关，狭义的司法机关指的就是审判机关，即人民法院。现代国家一半都由法院集中行使审判权。从权力的功能角度来说，法院的职能在于解释法律，根据案件的不同情况适用法律。作为解释和适用法律的机关，法院的公正性是衡量法院工作的根本指标之一。

我国实行“四级两审终审制”。所谓“四级”，是指人民法院分为最高人民法院、高级人民法院、中级人民法院、基层人民法院四个等级。以福州市鼓楼区为例，其四级体系对应的法院分别为鼓楼区人民法院—福州市中级人民法院—福建省高级人民法院—最高人民法院。所谓“两审终审”，是指除最高人民法院第一审判决或者裁定就是终审判决和裁定之外，其他的案件，可以经过两级人民法院审理后终审。我们在法治节目中常见到的当事人决定上诉情形，便是当事人对自身合法诉讼权利的行使。

条文解析

人民法院代表国家行使审判权。在法治国家，所谓审判，是指由国家的专门机构代表国家利益，依照宪法和法律规定的程序，对特定案件进行的审理和判决。在种类上，包括刑事的、民事的和行政的审判权。

同时，审判权是一项专门的权力，只能由人民法院行使，其他任何机关、组织和个人都无权行使。任何个人或者其他组织私设公堂、刑讯逼供，都是非法的。

相关链接

专门人民法院

除了最高人民法院和地方各级人民法院外，我国还存在一类特别的法院，称为“专门人民法院”。专门人民法院包括军事法院和海事法院、知识产权法院、金融法院等。之所以要设立专门人民法院，一方面，是为了处理那些涉及特殊领域，不适宜由普通的地方法院审理的案件。例如，军队内部的案件往往涉及军事秘密，事关国防安全，因此由军事法院审理更妥当。另一方面，是为了集中人力、物力、财力，积累审判经验，集中地、高质量地处理某些需要复杂专业知识的疑难案件。例如，为推进国家金融战略实施，健全完善金融审判体系，营造良好金融法治环境，促进经济和金融健康发展，我国依法设立了上海金融法院，审理相关金融领域法律纠纷。

小小活动

在老师的指导下，分组进行一次模拟法庭活动。

我的感想

____

____

____

25. 人民检察院是国家的法律监督机关

场景再现

普法教育周里，某中学七年级一班组织看普法电影，电影讲述了几起刑事案件从立案、侦查到审判的全过程。看完电影，班主任询问大家的看法。

小翔率先举起了手，说道："我们遇事不要冲动，要多想想，要遵纪守法，违反法律规定真是害人害己。"

小蓝也举起了手，讲道："老师，我记得以前看过的另一部电影，也讲了两个人打官司，里面称为'原告'和'被告'。但是在刚刚的电影里，提起诉讼的‘原告’为什么都被称作‘公诉人’呢？而且公诉人都戴着检察院的徽章。”

班主任笑了笑：“我先不急着回答，这算是留给你们的作业，下周一大家一起来讨论吧。”

宪法条文

第一百三十四条　中华人民共和国人民检察院是国家的法律监督机关。

第一百三十五条　中华人民共和国设立最高人民检察院、地方各级人民检察院和军事检察院等专门人民检察院。

最高人民检察院检察长每届任期同全国人民代表大会每届任期相同，连续任职不得超过两届。

人民检察院的组织由法律规定。

第一百三十六条　人民检察院依照法律规定独立行使检察权，不受行政机关、社会团体和个人的干涉。

知识集锦

检察院是世界各国普遍设立的国家机关，人民检察院是中华人民共和国的法律监督机关。在我国，除了由全国人民代表大会及其常务委员会对宪法的实施进行监督，地方各级人大在本行政区域内保证宪法、法律和行政法规的遵守和执行外，国家还设立各级人民检察院，作为专门的法律监督机关，通过行使法律监督权，保证法律的统一实施。各级人民检察院都是与各级人民法院相对应而设置的，以便依照刑事诉讼法规定的程序办案。人民检察院在人大之下，与人民政府、监察委员会、人民法院一起被称作“一府一委两院”，共同构成国家机构的完整体系。它的专门职权就是从事法律监督，保证国家法律的统一实施。

条文解析

检察机关是“专门”的法律监督机关。检察机关的监督既不同于党的监督、群众监督、舆论监督等一般意义上的法律监督，也不同于工商、税务、物价、审计、公安等行政机关下属部门的法律监督，它是由权力机关授权、由宪法规定的与行政权、监察权、审判权和军事权相平行的专门的国家权力，具有权威性、严肃性和强制性。

相关链接

成为一名法官或检察官需要哪些条件？

1. 政治条件：具有中华人民共和国国籍，拥护中华人民共和国宪法，拥护中国共产党领导和社会主义制度。

2. 能力条件：具有良好的政治、业务素质和道德品行，具有正常履行职责的身体条件。

3. 学历条件：（下列满足其一即可）

（1）普通高等学校法学类本科学历并获得学士及以上学位；

（2）普通高等学校非法学类本科及以上学历并获得法律硕士、法学硕士及以上学位；

（3）普通高等学校非法学类本科及以上学历，获得其他相应学位，并具有法律专业知识。

4. 法律工作经验：（下列满足其一即可）

（1）从事法律工作满五年；

（2）获得法律硕士、法学硕士学位，从事法律工作满四年；

（3）获得法学博士学位，从事法律工作满三年。

5. 法律职业资格：初任法官应当通过国家统一法律职业资格考试取得法律职业资格。

6. 禁止条件：（下列情形存在其一，即不得成为法官）

（1）因犯罪受过刑事处罚；

（2）被开除公职；

（3）被吊销律师、公证员执业证书或者被仲裁委员会除名；

（4）有法律规定的其他情形。

小小活动

依照你所在的地区从下至上分别列出各级人民法院与人民检察院。

我的感想

____

____

____

26. 宪法保障我们的诉讼权利

场景再现

2020 年 12 月 4 日上午，江苏省南京环境资源法庭公开开庭审理的一起生态破坏民事公益诉讼案件，在中国庭审公开网全程直播。这是中国庭审公开网第 1000 万场公开直播庭审。全国已有 3500 多家法院接入庭审公开网，访问量 300 多亿次，成为全世界最大体量的庭审互联网公开平台。随着科学技术的进步，在互联网上直播庭审使“审判公开”这一早已写入宪法的原则焕发出新的活力，公平正义通过看得见的方式得以更好实现。

宪法条文

第一百三十条　人民法院审理案件，除法律规定的特别情况外，一律公开进行。被告人有权获得辩护。

知识集锦

本条是关于人民法院实行公开审判原则和被告人有权获得辩护原则的规定。

“审判公开”是指人民法院对案件的审理和判决都公开进行，包括开庭审判的时间、地点对外公开，允许公民进入法庭旁听，允许新闻记者采访和公开报道，判决结果对外公布。当然，法院的审判公开不是绝对的，为了保护国家利益和公民、法人和其他组织的一些特定权利和利益，对于一些特定的案件，人民法院审理的过程不向社会公开。但是，在人民法院的审判活动中，公开审判是原则，不公开审判只是例外。

我国是人民民主专政的社会主义国家，人民法院的审判权是以保护人民利益为宗旨的。在刑事案件的审判活动中，人民法院的任务是保证准确、及时地查明犯罪事实，正确应用法律，惩罚犯罪分子，保障无罪的人不受刑事追究。而要实现这一诉讼任务，保证被告人有权获得辩护就是一项前提性条件。控诉、辩护和审判是刑事诉讼活动中3个重要环节，没有被告人的辩护，就没有公正的刑事审判。

条文解析

法律惩恶扬善，良好的法治要使犯罪者受到法律的制裁，同时也要努力使无辜者和被冤枉者免受伤害。可是，由谁来断定一个人究竟有没有犯罪、要不要受到刑罚呢？我国宪法和法律规定，一个人有罪与否，只能由人民法院依法判决。也就是说，一个人有没有犯罪，既不是公安机关说了算，也不是检察院说了算，也不是其他社会成员说了算，而是由法院说了算。在法院宣告一个人有罪以前，不能将其称为“罪犯”，而只能称为“犯罪嫌疑人”，有犯罪嫌疑并不等于真的犯了罪。

法院的判决极其重要，它关乎一个人的名誉、自由乃至生命，关乎全社会的公平正义，关乎人们对法律的信心。审判必须以事实为依据，以法律为准绳。但是，公安机关在侦破案件的过程中、人民检察院在审查起诉的过程中都有可能因为这样或者那样的原因导致可能出现一些错误。例如，案件的一些重要事实未能调查清楚；没有搜集到足够的证明犯罪嫌疑人确实实施了犯罪的证据；由于办案人员对法律的理解出现了错误，不恰当地提起诉讼……为了能够及时地纠正错误，确保法院作出正确判决，法律规定，被告人有权利对自己的行为作出辩解。又因为被告人自身可能知识水平有限，或者在面对强大的国家机关时心理压力巨大，难以恰当、准确地表达自己的意见，因此，法律规定，被告人有权请具有法律专业知识的律师为他辩护。辩护人的责任是根据事实和法律，提出犯罪嫌疑人、被告人无罪、罪轻或者减轻、免除其刑事责任的材料和意见，维护犯罪嫌疑人、被告人的诉讼权利和其他合法权益。

为了贯彻“被告人有权获得辩护”的宪法规定，我国的刑事诉讼法详细规定了这一诉讼权利。例如：被告人除了可以自行辩护外，还可以委托律师、监护人或者亲友等作为辩护人；侦查机关、检察机关和审判机关应当按照法律规定，告知犯罪嫌疑人、被告人有权委托辩护人；符合一定条件的犯罪嫌疑人、被告人，可以获得法律援助律师为其提供辩护，等等。

相关链接

依照《刑事诉讼法》的有关规定，以下案件依法不公开审判：

1. 有关国家秘密的案件；

2. 有关个人隐私的案件；

3. 审判的时候被告人不满18周岁的案件，不公开审理；但是，经未成年被告人及其法定代理人同意，未成年被告人所在学校和未成年人保护组织可以派代表到场；

4. 对当事人提出申请的确属涉及商业秘密的案件，法庭可以决定不公开审理。

对于不公开审理的案件，应当当庭宣布不公开审理的理由。不公开审理的案件，宣告判决一律公开进行。

依法不公开审理的案件，任何公民包括与审理该案无关的法院工作人员和被告人的近亲属都不得旁听。但是，未成年被告人的法定代理人除外。

我的感想

延伸阅读

1. 金豆豆银豆豆，放在好人碗里头

场景再现

在一个十分晴朗的日子里，村里的广场上聚集着一大群人，他们或面带笑容或略微腼腆。仔细观察，会发现他们的手中似乎紧紧地攥着什么东西；另一些人背对着他们安静地坐着，身后放着条桌，条桌上都放着一个粗瓷海碗。

人群突然走动起来，攥着东西的人按照顺序走到每个碗前，或是犹豫了一下，或是直截了当地将手中的东西小心翼翼地放在碗中。“噔”的一声脆响。啊！原来是黄豆！

这时还在动荡年代，陕甘宁边区以及各个根据地的人们就是这样选举他们心中认定的干部：觉得谁好就把手中的黄豆放在他的碗中，最后谁碗里的黄豆多谁就当选。这样的规则对于村民简单易行。村里的老王笑呵呵地说道：“不就是觉得谁好，俺就投谁的票。”20 世纪 40 年代流行于延安的一首民谣这样唱着：“金豆豆，银豆豆，豆豆不能随便投；选好人，办好事，投在好人碗里头。”

时光荏苒，1990 年召开第七届全国人民代表大会第三次会议时，人民大会堂内，庄严肃穆，人大代表们听着各项议案。表决时，代表们将手放在电子表决器上，郑重地按下按钮。现代化的选举和表决方

式给了民意更充分的表达机会。

宪法条文

第七十五条　全国人民代表大会代表在全国人民代表大会各种会议上的发言和表决，不受法律追究。

知识集锦

从1949年第一届全国政协成立到1966年“文化大革命”开始前，“两会”投票方式基本是鼓掌、举手与无记名投票并用。1966年“文化大革命”开始后，选举和任免时的无记名投票表决也被取消，所有的表决都被“鼓掌通过”代替。直到1979年，无记名投票才又出现。

1982年12月4日，全国人民代表大会会议出现了第一张弃权票。

1986年4月12日，第六届全国人民代表大会第四次会议进行表决时，有一位代表庄严地举起了右手，投了不赞成票，行使自己的民主权利。

人民代表行使表决权的方式经历了最原始的“豆选”，到举手表决与鼓掌通过，再到1990年召开第七届全国人民代表大会第三次会议时人民大会堂大礼堂的每张桌面上都安装了无记名电子表决器。从“豆选”“鼓掌通过”到举手表决，从第一张弃权票到第一张不赞成票，从不记名投票到按电子器表决——中国民主法治进程是从一点一滴的积累开始的，历届“两会”投票表决的演进历程正说明了这一问题。

条文解析

人大代表具有表决权，对经过审议以后列入大会议程的议案和报告以投票方式或按表决器等方式表示最后的态度：赞成、反对，还是弃权。表决权集中反映出人大代表对一个问题、一件事情、一种情况、一个办法、一次任免和一个议案或法律草案的态度，具有最鲜明、最确定的特点，不容许模棱两可。这也是权力机关能否形成决定和决议的最后步骤。

人大代表行使表决权是人大代表代表人民群众的利益和意志，参与国家权力行使的一种最集中的体现。

小小活动

同学们，你行使过自己对集体事务的表决权吗？你所在的集体采用了什么样的表决方式，效果如何呢？

我的感想

2. 中国共产党领导的多党合作和政治协商制度写入宪法

场景再现

《宪法》“序言”确定了中国共产党领导的多党合作和政治协商制度是中华人民共和国的一项基本的政治制度。中国民主建国会（以下简称民建）的领导人孙起孟对推动政治协商制度入宪起到了不可替代的作用。

1993 年，第八届全国人民代表大会第一次会议拟对宪法部分内容作出修改，时任全国人大常委会副委员长、民建中央主席孙起孟力主抓住时机，动员民建上下一起努力，希望能在修改宪法时把这一内容加进去。根据《中国民主建国会简史》“参与宪法修订”记载：1993 年 1 月，孙起孟邀请了部分会内外法律工作者，就中国共产党领导的多党合作和政治协商制度写入宪法的问题举行座谈，随后开展了调查研究工作。

起初，中共中央向第七届全国人大常委会提出的关于修改国家宪法的建议中并没有涉及多党合作问题。随后，时任民建中央副主席的李崇淮受民建中央委托，建议“在宪法序言中增加‘中国共产党领导的多党合作和政治协商制度’”。孙起孟再次建议把中国共产党领导的多党合作和政治协商制度写进宪法。经过多次努力，民建中央的建议得到了中共中央的采纳。最终，第八届全国人大第一次会议全体代表正式通过在《宪法》“序言”第 10 自然段增加“中国共产党领导的多党合作和政治协商制度将长期存在和发展”。

孙起孟回忆道：“‘中国共产党领导的多党合作和政治协商制度将长期存在和发展’，我以为这段话虽然着笔不多，但对中国特色的社会主义建设，具有重大、深远的指导、推进意义。‘长期存在和发展’明确规定这一基本政治制度绝非权宜之计，将作为我国社会主义现代化建设事业的一大特色坚持执行。它与‘发展是硬道理’一样，对于我国社会主义民主建设同样可称为不磨之论。坚持贯彻‘长期存在和发展’，必将使中国共产党领导的多党合作和政治协商制度，以其先进性和优越性大力推进我国的社会主义现代化建设。”

孙起孟推动党领导的多党合作制度入宪，他曾作过一个形象的比喻：多党合作好比是交响乐团，在作曲的时候，大家都可以提意见，各民主党派都应该积极参与，最后公认由共产党博采众长来定谱。

宪法条文

中国共产党领导的多党合作和政治协商制度将长期存在和发展。

——《宪法》“序言”

知识集锦

1987 年，邓小平同志在审阅党的十三大报告稿时，在“中国共产党领导的多党合作”一句旁亲笔加上“协商”两个字。“共产党领导下的多党合作和政治协商制度”被明确提出。

但初期，这个制度在表述上还不十分规范。在党的十三大报告中，就有“共产党领导下的多党合作和协商制度”和“共产党领导下的多党合作和政治协商制度”两种表述。后一种表述在“协商制度”前加了“政治”二字。1988年，李先念在全国政协七届一次会议闭幕词中，分别使用了“具有中国特色的多党合作和政治协商制度”和“共产党领导下的多党合作和政治协商制度”的表述。

1989年1月2日，邓小平批示：“可组织一个专门小组（成员要有民主党派的），专门拟定民主党派成员参政和履行监督职责的方案，并在一年内完成，明年开始实行。”根据这个批示，在1月底成立了由中共中央和各民主党派中央组成的完善共产党领导的多党合作制度研讨小组。

在中央领导同志主持的研讨小组第一次会议上，各民主党派负责人提出了许多意见和建议。其中一种意见认为，“中国共产党领导下的多党合作和政治协商制度”的提法不妥。因为中国共产党领导已经表明了共产党处于领导地位，再用“下”字就会有上下关系的含义，建议采用“中国共产党领导的多党合作和政治协商制度”提法为好。这一意见被当场采纳。

1989年12月30日，中共中央颁发了《关于坚持和完善中国共产党领导的多党合作和政治协商制度的意见》，以中共中央文件的形式明确提出：“中国共产党领导的多党合作和政治协商制度是我国一项基本政治制度。”自此，“中国共产党领导的多党合作和政治协商制度”的提法就正式确定下来了。

条文解析

中国人民政治协商会议是有广泛代表性的统一战线组织，过去发挥了重要的历史作用，今后在国家政治生活、社会生活和对外友好活动中，在进行社会主义现代化建设、维护国家的统一和团结的斗争中，将进一步发挥它的重要作用。以宪法的形式确立中国共产党领导的多党合作和政治协商制度的基本政治制度地位，对其长期存在和发展并充分发挥作用，具有重要意义。

相关链接

政党制度是一个国家通过政党进行政治活动的方式或状态。当代世界各国的民主政治，一般都是政党制度。政党制度主要分为两种基本类型：

一种是资产阶级的多党政治，基本都是采用两党或多党通过竞选轮流执政的体制，政党中有执政党和在野党之分。如实行两党制的国家有美国、英国、澳大利亚等，实行多党制的国家有德国、意大利、法国等。

另一种是社会主义国家的多党政治，即工人阶级政党领导的多党合作和联盟。典型如中国共产党领导的多党合作和政治协商制度。

各种模式的政党制度的形成都是同这个国家的历史发展和社会文化密切相关的，而不是由人的主观意志所决定的。

我的感想

3. 最高人民法院旧址设在大理寺

场景再现

最高人民法院建院初期定址于北京市司法部街 72 号，就是现在人民大会堂的位置。上溯到民国初年北洋军阀政府时期以及晚清政府时期，这里是大理院所在地。最高人民法院建址于此，既是对审判历史的传承，又进行了大量的审判革新。

大理寺是明清时期的中央审判机关，建制于北齐，此后被历代沿袭。光绪三十二年（1906 年），改大理寺为大理院，建筑也由中式院落改为当时看起来很前卫的西式楼房，并建有一座高耸入云的大钟塔。彼时的大理院司法职能甚微，只具有复核刑部拟判死刑案件的部分审判权限。

1949 年 10 月 1 日，中华人民共和国中央人民政府成立。中央人民政府主席毛泽东任命沈钧儒为最高人民法院院长。10 月 22 日，中央人民政府最高人民法院正式用印办公。1949 年 12 月 20 日，中央人民政府委员会批准《最高人民法院试行组织条例》。该条例规定，最高人民法院设民事、刑事和行政 3 个审判庭和办公厅等。同时，着手建立最高人民法院在各大行政区的分院，至 1952 年 4 月，东北、西北、华东、中南、西南、华北 6 个分院先后建立。最高人民法院分院为大行政区最高审判机关，负责领导与监督本地区各级人民法院的审判工作。

中华人民共和国的最高审判机构在此正式运行，中国司法新时代也由此开始了。

宪法条文

第一百三十二条第一款　最高人民法院是最高审判机关。

知识集锦

依照《宪法》第 129 条的规定，中华人民共和国设立最高人民法院、地方各级人民法院和军事法院等专门人民法院。

最高人民法院是中华人民共和国最高审判机关，负责审理各类案件，制定司法解释，监督地方各级人民法院和专门人民法院的审判工作，并依照法律确定的职责范围，管理全国法院的司法行政工作。

地方各级人民法院包括高级人民法院、中级人民法院、基层人民法院，专门人民法院包括海事法院和军事法院等。最高人民法院监督地方各级人民法院和专门人民法院的审判工作。上级人民法院监督下级人民法院的工作。

条文解析

根据我国《宪法》第 129 条和《人民法院组织法》第 12 条的规定，我国人民法院的组织系统由最高人民法院、地方各级人民法院和专门人民法院组成。最高人民法院是国家最高审判机关，意味着最高人民法院有权对地方各级人民法院和专门人民法院的审判工作进行监督。

相关链接

最高人民法院的名称几经变化，院址也几经变迁。1959 年最高人民法院迁至西城月坛北小街 4 号，1961 年迁至东交民巷 37 号，1971 年迁至东交民巷 27 号，即现址。

现在的最高人民法院所在地原来是俄国驻华使馆。1971 年最高人民法院刚搬来这里时，大楼年久失修，设施陈旧，不能直接作为办公楼使用。1984 年建成审判办公大楼（西楼），1994 年建成大法庭（中楼）。从 2002 年 5 月开始，在大法庭东侧扩建审判办公大楼（东楼），对西楼和中楼进行改造，西、中、东三楼连成一体。

现如今这座庄严雄伟的审判办公大楼，正面八根石柱上方悬挂着威严肃穆的国徽图案，象征着中国司法的权威和中国法治事业的神圣。

小小活动

同学们，你到北京参观过中国法院博物馆吗?

我的感想

四、我国的代表与象征

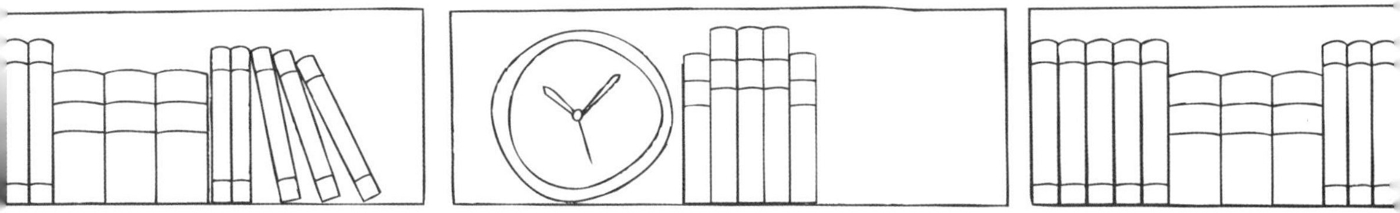

1. 前进的义勇军

场景再现

“升国旗，奏国歌！”

“起来！不愿做奴隶的人们！把我们的血肉筑成我们新的长城！中华民族到了最危险的时候，每个人被迫着发出最后的吼声。起来！起来！起来！”铿锵的歌词和着节奏击打着心房，在班长小天心中，一种自豪与使命感油然而生。这就是我们中华人民共和国的国歌——《义勇军进行曲》。

宪法条文

第一百四十一条第二款　中华人民共和国国歌是《义勇军进行曲》。

知识集锦

国歌，是表现一个国家民族精神的歌曲，是被人民认为能代表该民族意志与凝聚力的乐曲。世界各国的国歌有很多而且各不相同。有的是民族斗争的产物，有的是和平时代的赞歌，有的写自己国家的自然风光和地理环境，有的则叙述国家古老的历史。中国国歌《义勇军进行曲》源于抗日战争；英国国歌《天佑女王》，歌词来自《圣经》；法国国歌原名《莱茵河军团战歌》。1792 年，法国革命军马赛一团高唱这首战歌进军巴黎，所以被称为《马赛曲》，1795 年被法国革命政府定为国歌。

条文解析

《义勇军进行曲》是电影《风云儿女》的主题曲，其创作最早可追溯到 1931 年。在抗击日本帝国主义侵略的战争年代，音乐家聂耳听到战士们唱起东北抗日义勇军军歌时，大受震撼，并以此为基础创作了《义勇军进行曲》，由田汉创作了歌词。

1949 年中华人民共和国成立前夕，各项工作都紧锣密鼓地展开，国旗、国歌、国徽、纪年等方案的征选也在热烈的讨论中。9 月 25 日，在中南海丰泽园召开的协商会上，徐悲鸿提议以《义勇军进行曲》为代国歌。毛泽东、周恩来都表示赞成，认为今后仍要居安思危。但直到 1954 年《宪法》制定后，《义勇军进行曲》作为代国歌，并未写入宪法文本内。1982 年 12 月 4 日，伴随着现行《宪法》的制定，第五届全国人民代表大会第五次会议决定设置《义勇军进行曲》为国歌，但此时也只是采用了单独决议的形式，并未正式写入宪法。直到 2004 年 3 月 14 日，第十届全国人民代表大会第二次会议通过的《宪法修正案》才最终赋予国歌以宪法地位。

相关链接

聂耳（1912—1935），原名聂守信，字子义，汉族，云南玉溪人，著名人民音乐家。他从小家境贫寒，对劳苦大众有深厚的感情，他在有限的生命中创作了包括《义勇军进行曲》在内的数十首革命歌曲，开辟了中国新音乐的道路，是中国无产阶级革命音乐先驱。他的音乐创作具有鲜明的时代感、严肃的思想性、高昂的民族精神和卓越的艺术创造性，为中国无产阶级革命音乐的发展指出了方向，树立了中国音乐创作的榜样。

我的感想

____

____

____

2. 我们在五星红旗下成长

场景再现

众所周知，中华人民共和国的国旗是五星红旗。自 1954 年我国制定第一部宪法时起，就以宪法规范的形式对国旗进行了规定。一天，小果爸爸带着小果起了个大早，来到天安门广场观看升旗仪式。当看到天安门广场上冉冉升起的五星红旗映衬着蓝天，与阳光下闪耀着光芒的天安门城楼交相辉映时，小果爸爸心中涌动着作为中国人的归属感、认同感，久久不能平静。在升旗仪式结束后，小果爸爸拉着小果，给她讲起了五星红旗的故事。

宪法条文

第一百四十一条第一款　中华人民共和国国旗是五星红旗。

知识集锦

中华人民共和国成立前夕的新政协筹备会第一次会议，成立了第六小组即国旗、国徽、国歌评审小组。该小组决定通过登报方式公开征集国旗。国旗要求体现中国特征、政权特征，并对尺寸进行了规定。在最终筛选中，各委员就最后采用什么方案产生了争论。毛泽东认为红底五星红旗体现了“中国革命的实际，表现了我国革命人民大团结”，认为是“较好的图案”。但是，原设计采用的大五星中央镶有镰刀与锤头的图案与苏联国旗十分近似。为了区分，最后取消了大五星中央的镰刀与锤头图案。1949 年 10 月 1 日，当毛泽东主席亲手升起五星红旗时，如同徐徐上升的国旗，中国人民也站起来了。

1949 年 11 月 15 日《人民日报》名为“新华社答读者问”的文章中对国旗进行了说明：“中华人民共和国国旗旗面的红色象征革命。

旗上的五颗五角星及其相互关系象征共产党领导下的革命人民大团结。星用黄色是为着在红地上显出光明，黄色较白色明亮美丽，四颗小星各有一尖正对着大星的中心点，这是表示围绕着一个中心而团结，在形式上也显得紧凑美观。”

条文解析

中华人民共和国国旗是我国的象征和标志，每个公民和组织，都应当尊重和爱护国旗。根据《国旗法》的规定，在下面的这些场所或者机构所在地，应当每日升挂国旗：（1）北京天安门广场、新华门；（2）全国人大常委会，国务院，中央军事委员会，最高人民法院，最高人民检察院；中国人民政治协商会议全国委员会；（3）外交部；（4）出境入境的机场、港口、火车站和其他边境口岸，边防海防哨所。

相关链接

国旗和国歌一样，代表着国家，是国家的识别标志。国旗是一个国家的象征与标志，悬挂着的国旗就代表了国家的主权。国旗经常被政府机构悬挂，但通常也可被本国的公民使用。不同的国旗有着不同的样式，包括不同的长宽比例，甚至不同的形状。

国旗，初见于晚清。当时西方国家的船只大量涌入开放的通商口岸，而在海运贸易中，为了区分船只，西方国家已经形成了一套与国家主权有关的船旗制度，悬挂的国旗成为船只在解决航运纠纷时的依据甚至具有护身符的作用。清政府为了避免纠纷与误会，让中国官船得到辨识，1866 年确定了中国第一面国旗——黄龙旗。随后，黄龙旗逐渐被运用到外交领域。民国初期的五色旗、国民政府时期的青天白日满地红旗都曾作为国旗使用。国旗图案有着丰富的象征意义，代表着一国的官方政权，体现着政权性质与政治结构。

我的感想

3. 国徽是国家的象征和标志

场景再现

1942 年冬天，山城重庆，寒风阵阵，宋庆龄在她的寓所，为欢送董必武返回延安而举行茶话会。周恩来和邓颖超也应邀出席。茶桌上摆着重庆近郊农民送来的两串颗粒饱满的禾穗，被炉火映照得金光灿灿。这时有人赞美这禾穗真像金子一般。宋庆龄说：“它比金子还宝贵。中国人口百分之八十都是农民，如果年年五谷丰登，人民便可丰衣足食了。”周恩来同志抚摸着饱满的禾穗，意味深长地说：“等到全国解放，我们要把禾穗画到国徽上。”果然，中华人民共和国成立后在制定中华人民共和国国徽图案时，周恩来建议要把麦稻穗画上去。

宪法条文

第一百四十二条　中华人民共和国国徽，中间是五星照耀下的天安门，周围是谷穗和齿轮。

知识集锦

1949 年 7 月 10 日，全国政治协商会议筹备会为了迎接中华人民共和国的成立，在《人民日报》登出了向全国征集国旗、国徽及国歌词谱的启事，明确提出对国徽设计的要求是：体现中国特征、政权特征、形式须庄严富丽。

截至 9 月 27 日，中央有关部门收到国内及海外华侨寄来的国徽稿件 112 件，图案 900 幅，但仍不尽如人意。受中央之命，清华大学营建系和中央美术学院分别成立国徽设计组。清华大学营建系国徽设计组由我国著名建筑学家、营建系主任梁思成教授担任组长，成员有梁思成先生的夫人、建筑学家林徽因等。中央美术学院国徽设计组由著名工艺美术家张仃教授，张光宇、周令钊、钟灵等组成。

1950 年 6 月 23 日，全国政协一届二次全体会议上，毛泽东主席主持并通过决议，同意国徽审查组的报告和所拟定的国徽图案。9 月 20 日，毛泽东主席签署中央人民政府命令，公布中华人民共和国国徽图案及说明：“国徽的内容为国旗、天安门、齿轮和麦穗。象征中国人民自‘五四’运动以来的新民主主义革命斗争和工人阶级领导的以工农联盟为基础的人民民主专政的新中国的诞生。”

条文解析

《国徽法》第 2 条规定：“中华人民共和国国徽，中间是五星照耀下的天安门，周围是谷穗和齿轮。中华人民共和国国徽按照 1950 年中央人民政府委员会通过的《中华人民共和国国徽图案》和中央人民政府委员会办公厅公布的《中华人民共和国国徽图案制作说明》制作。”

我国国徽的中间是五星照耀下的天安门，周围是谷穗和齿轮。国徽图案中的齿轮和谷穗象征工人阶级领导下的工农联盟，天安门表示中国人民自“五四运动”以来进行新民主主义革命斗争的胜利，同时又表示人民民主专政的中华人民共和国的诞生，形象地体现了我国各族人民的革命传统和民族精神。五星代表中国共产党领导下的中国人民的大团结。

相关链接

国徽即代表国家的徽章、纹章，为国家象征之一。国徽上通常有来自大自然的元素，如动植物，但也可能有其他事物，用以表现该国的风土人情、历史文化或意识形态。

我的感想

4. 北京是我国的首都

场景再现

1948 年，解放战争局势已初见分晓，中国共产党胜利在望。毛泽东开始考虑建立中华人民共和国的问题。1949 年元旦，毛泽东在西柏坡的一间小土屋里会见了时任东北局城工部长的王稼祥。他说：“今天有一件大事向你请教。”

王稼祥一听，赶紧笑着说：“不敢当，不知主席要谈什么事？”

毛泽东开门见山：“历史上的京城有西安、开封、洛阳、南京、北京等，我们就要胜利了，你看首都定在哪里合适呢？”

王稼祥的神情严肃起来，他虽然也曾慎重地考虑过这个问题，但还是觉得拿不准，于是便试探地说：“是不是可考虑定在北平？”

毛泽东兴趣大增，说：“谈谈你的理由”。

王稼祥便放开谈起来：“我认为首都最理想的地点是北平。北平位于沿海地区，属于经济发达圈内。而且扼守连接东北与关内的咽喉地带，战略地位十分重要。同时离海近，但渤海是中国近海，有辽宁、山东两个半岛拱卫，战略上十分安全。此外，北平是明清两代五百年帝都，从人民群众心理上也乐意接受。考虑到这些有利条件，我的意见，我们的首都应当选在北平。”

毛泽东听了王稼祥的话，频频点头。

宪法条文

第一百四十三条　中华人民共和国首都是北京。

知识集锦

首都、国都，以现代政治角度而言，通常是指一个国家的中央政府所在地的首要行政中心城市，也是政治活动的中心城市、各类国家级机关集中驻扎地、国家主权的象征城市。

对于大部分国家而言，首都是国家最大的城市，如我们熟知的英国伦敦、法国巴黎、德国柏林等。与我国不同的是，有些国家未在宪法和法律内规定首都地点。在一些国家，政治中心与经济中心分离，例如美国首都华盛顿哥伦比亚特区与经济中心纽约、土耳其首都安卡拉与经济中心伊斯坦布尔等。有时一个国家有多个首都，如行政首都、司法首都，分别是该国的行政和司法中心，例如南非。

条文解析

本条是关于我国首都的规定。

相关链接

中国是一个历史悠长，有着深厚文化底蕴的国家。随着社会的发展，我国辽阔的国土上，出现了不少具有相当规模的城市，尤其是历代的国都，更是当时国家的政治经济中心，是王朝的核心与枢纽。2004 年 11 月，中国古都学会，认定郑州为第八大古都。因此，就有了中国八大古都之说：西安、南京、北京、洛阳、开封、杭州、安阳、郑州。

小小活动

请将下列国家与首都配对正确的打钩，错误的改正。

意大利——罗马 □

美国——纽约 □

澳大利亚——悉尼 □

巴西——里约热内卢 □

我的感想

______

______

______

延伸阅读

历史上的国歌

场景再现

在中华人民共和国即将成立之际，40 多位政协代表坐在灯光明亮的大厅内参加国歌座谈会。徐悲鸿代表建议《义勇军进行曲》作国歌。在获得大家积极响应的同时，也有不少代表提出“中华民族到了最危险的时候”不符合国情。徐悲鸿说：“我不同意改歌词。法国的《马赛曲》就是一支很悲壮的歌曲。人民在胜利中不要忘记过去的斗争。”大家意见不一，李济深表示：“《义勇军进行曲》为抗战而生，我唱过，唤醒民族抗战是立过功的，我们没有拒绝的理由。今后就没有战争了？中华民族万事大吉了？居安思危是一个民族成熟的表现，这个歌词无须修改。”毛泽东表示同意：“任公（李济深）态度好坚定啊，我这个人也是有危机感的。”“再多说两句，尽管全国快要解放了，但我们还是受到帝国主义的包围，中华民族完全独立解放，还需要艰苦的斗争。田汉先生可以不做修改了。”自此，中华人民共和国的国歌终于确定。

在中华人民共和国成立之前，我们也曾有过几首国歌，让我们追随着历史的步伐，看一看历史上的中国到底有哪些国歌。

知识集锦

最早提出制定国歌的是曾国藩的次子曾纪泽。他曾任清政府驻英公使、驻俄公使，常年的外交活动让他感到没有国歌不足以壮国威，于是谙熟音律的他制作了《华祝歌》，希望朝廷能够采用却未能获准。清政府第一首国歌诞生于1911年10月4日，名为《巩金瓯》。这首歌的曲谱由清华大学堂京剧专家傅侗完成，翻译家严复填写歌词，歌词如下：“承天帱，民物欣凫藻，喜同袍，清时幸遭。真熙皞，帝国苍穹保，天高高，海滔滔。”如歌词表达的含义一样，歌名中金瓯意为国土，巩金瓯即有巩固国土之意。1911年10月10日武昌起义的爆发，使这首国歌归于尘土。

随着南京临时政府的成立，制定国歌被提上了日程。由教育部牵头，希望通过非常民主的方式选出国歌。但1916年袁世凯复辟，荫昌作词、王露作曲的《中国雄立宇宙间》成为当时中国的国歌。袁世凯暴卒后，安葬灵柩时演奏了这首歌，这也是这首国歌被最后一次演奏。

时间到了1920年10月，通过几年的征集，北洋政府最终确定由萧友梅谱曲、汪荣宝改写的《卿云歌》为国歌，“卿云烂兮，糺缦缦兮，日月光华，旦复旦兮，日月光华，旦复旦兮”。这本是一首上古的歌曲，为何要将这首歌改写作为国歌呢？这和时人对国歌有了深刻的认识有关。教育部征集国歌的公告中明确写道：“国歌者，国家精神之代表”，对外表示国家，对内则表明国家性质、人民精神。而萧友梅更是一语点破玄机：“欧美各国的国歌本来都是国民歌。”如此理解，选择具有长久历史、代表着中国人民性格的《卿云歌》作为国歌也就不难理解了。这首国歌直到 1930 年被国民党政府以党歌代替为止，一直使用。

国民党政府的国歌来自其党歌《三民主义歌》，歌词为孙中山于 1924 年 6 月 16 日主持黄埔军校开学典礼时的训词。歌词大意即倡言三民主义为国民党之根本，须“矢勤矢勇，必信必忠，一心一德，贯彻始终”。1937 年 6 月 3 日，国民党决定将党歌定为国歌，这源于国民政府时期党国一体的政治体制。

相关链接

众所周知，中华民族的礼乐文化源远流长。早在夏商之时，便有“礼乐”一说，周公“制礼作乐”已形成独特的文化体系。古代汉族音律分为宫、商、角、徵、羽五音，据说祭祀时演奏和谐的五音能够与天地同和，使国运昌隆。《乐记》有言：“凡音者，生于人心者也，乐者，通伦理也。”这也正是自夏商以来，王室均有国乐的原因。但是国乐并不是近代意义的国歌，国乐仅作歌功颂德之用，并非代表国家的国歌。以代表国家意义上的国歌，在清末之后方才有之。

综观近代以来中国政府的国歌，不难发现，国歌与其相应时期的国家境况、政治体制、国民精神总是契合。国歌不仅仅具有代表国家的功用，更是能够让国人情感得到共鸣。确定如此重要的国歌绝非易事，中华人民共和国的国歌的确定同样经过了曲折的历程。

小小活动

中华人民共和国成立前的 4 首国歌是中华历史的一部分，同学们可以上网搜索了解关于这些国歌的故事。

我的感想

____

____

____